Kirchenordnung

für die evangelischen Gemeinden

der Provinz Westfalen und der Rheinprovinz

vom 5. März 1835.

In der

aus späteren Ergänzungen und Abänderungen

sich ergebenden Fassung

herausgegeben von

Dr. Friedrich Bluhme.

Vierte, vermehrte und verbesserte Auflage

besorgt von

Dr. H. Hälschner.

Bonn, 1878,

bei Adolph Marcus.

Aus den Vorreden zur 1., 2. und 3. Auflage

von

F. Bluhme.

Die Kirchenordnung vom 5. März 1835 hatte bereits in etwa 13 Paragraphen einige Ergänzungen und Nachhilfen erhalten, als die im J. 1850 versammelten Synoden beider Provinzen zur Vornahme einer durchgreifenden Revision und Vervollständigung derselben veranlaßt wurden.

Nach den in die Jahre 1844, 1847, 1849 und 1850 fallenden Vorberathungen vereinigten sich die Synoden beider Provinzen am 10. Januar 1851 zu dem gemeinsamen Entwurfe einer revidirten Kirchenordnung [1]), welchem auch am 30. Januar 1852 die Allerhöchste Genehmigung, jedoch mit Ausnahme aller derjenigen Stellen und Ausdrücke gewährt wurde, welche dem bisherigen Bestande des landesherrlichen Kirchenregiments und der übrigen landesherrlichen Rechte entgegen stünden. Im Uebrigen sollte sie als revidirte Kirchenordnung ins Leben treten.

Bei der hiedurch veranlaßten und in Berlin vollzogenen Ausscheidung der vorgedachten Stellen und Ausdrücke sind aber auch die genehmigten Verbesserungsvorschläge auf 47 bloße Zusätze zu 44 Paragraphen des ursprünglichen Textes reducirt, und in dieser Gestalt, kraft Allerhöchster Ermächtigung vom 13. Juni 1853, von dem damaligen Herrn Minister der geistlichen, Unterrichts- und Medicinal-Angelegenheiten unter Zustimmung des Oberkirchenraths am 25. August 1853 förmlich bestätigt worden. Sie gelangten an die im October abermals

1) Abgedruckt u. a. hinter den Verhandlungen der siebenten rheinischen Provinzialsynode, S. 497...521.

versammelten Provinzialsynoden mittels Erlasses des Oberkirchenraths vom 26. August, und unter Beifügung einer aus 13 Nummern bestehenden Uebersicht von früher bestätigten Abänderungen und Zusätzen zur Kirchenordnung[2]).

Als die Synoden diese Bestätigung mit ehrerbietigem Danke annahmen, durften sie sich dennoch nicht verhehlen, daß auf diese Weise von den Revisionsarbeiten viel mehr verloren gehe, als was nach der Allerhöchsten Entschließung vom 30. Januar 1852 hätte ausgeschieden werden sollen. Manche kleine Verbesserung hatte sich als besonderer Zusatz nicht wohl fassen lassen; Einiges erhielt auch außerhalb des ursprünglichen Zusammenhanges eine ganz andere Bedeutung, selbst ganz Neues war mitunter an die Stelle des Erbetenen getreten. — Es war gerathener, sich dabei zu beruhigen, als das Ganze von Neuem in Frage zu stellen.

Der rheinischen achten Synode schien jedoch aus dieser Lage der Dinge noch eine besondere Aufgabe hervorzugehen: die einer einheitlichen, leicht faßlichen Zusammenstellung des ursprünglichen Textes mit den späteren Zusätzen und Abänderungen, so wie sie der tägliche Gebrauch in den Händen der Pfarrer, der Kirchenvorstände und Gemeindevertretungen erfordert. Die Kirchenordnung sollte sich wenigstens im Ganzen übersehen lassen, wenn sie auch kein Ganzes mehr war.

Die Synode übertrug demnach die Aufstellung eines solchen, von Widersprüchen und Wiederholungen gereinigten Textes, durch Ausscheidung der ausdrücklich aufgehobenen Bestimmungen, und Einordnung der Zusätze in den Wortlaut der betreffenden Paragraphen, einer besonderen Commission aus ihrer Mitte; und das Ergebniß dieser Arbeit ward in ihrer letzten Sitzung vom 26. October 1853 zum Abdruck bestimmt, vorbehaltlich jedoch einer Revision des Ganzen, welche, unter Mitwirkung des Unterzeichneten, dem Präsidium anheim gegeben wurde[3]).

Die mit dieser nachträglichen Betheiligung übernommene Verantwortlichkeit war keine geringe. Denn nicht blos dafür hatte der Herausgeber einzustehen, daß bei der Einordnung der sanctionirten Zusätze an den wirklich bindenden Worten nichts geändert sei, sondern auch dafür, daß der verschiedene Ursprung

---

2) Verhandlungen der achten rheinischen Provinzialsynode S. 145...150. Staatsanzeiger 15. Novbr. 1853.

3) Verhandlungen der achten rheinischen Provinzialsynode. S. 9. 150...155. 278.

der einzelnen Bestimmungen überall noch erkennbar und nachweisbar bleibe; endlich dafür, daß aus manchen ungleichen Ausdrücken des älteren und des neueren Textes kein Mißverständniß erwachse. Für diese verschiedenen Zwecke mußte er sich folgender Unterscheidungszeichen bedienen:

1) Der ursprüngliche, gültig gebliebene Text ward mit deutschen, alles Zusätzliche mit lateinischen Lettern gedruckt.

2) Den im Jahr 1853 bestätigten Zusätzen sind die Nummern beigefügt, nach welchen sie in dem damals ergangenen Ministerial-Rescripte aufgezählt waren. Dies war schon deshalb unerläßlich, weil sich inzwischen bei den Behörden der Brauch fixirt hat, sie nach diesen Nummern, und nicht nach den Paragraphen der Kirchenordnung, zu denen sie gehören, zu citiren.

Bei den anderen Zusätzen ist der Nachweis ihres Ursprungs in den Noten gegeben.

3) Zusätze, die nur als Erläuterung gelten sollten, weil sie einer speciellen höheren Bestätigung entbehrten, die jedoch theils auf dem Allerhöchsten Erlaß vom 29. Juni 1850, theils auf wenigstens nicht reprobirten Ausdrücken der revidirten Kirchenordnung beruhten, sowie jeder sonstige Zusatz, der sich nicht mit directen Worten einer Allerhöchsten Verordnung wiedergeben ließ, kurze Einschaltungen und sprachliche Nachhilfen, sind von den eigenen Gesetzesworten durch Klammern und lateinische Cursivschrift unterschieden.

4) Durch mehrfache Zugaben und Nachweisungen in den Noten, und durch ein Register ist für die Möglichkeit einer schnellen vorläufigen Orientirung über den Rechtszustand der Schwesterkirchen beider Provinzen gesorgt worden.

5) Wurde ein Anhang hinzugefügt, der aber nur das unentbehrlichste enthalten durfte, was schon im täglichen Gemeindeleben oft neben der Kirchenordnung zur Anwendung kommen kann.

Vorrede zur vierten Auflage.

Indem ich auf Wunsch des Verlegers die Besorgung der vierten Auflage übernahm, durfte ich selbstverständlich von dem Plane und Zwecke, von dem mein verstorbener Freund und College Bluhme bei seiner Ausgabe der Kirchenordnung ausgegangen war, nicht abweichen. Die Arbeit Bluhme's ist daher unverändert geblieben und eine vermehrte und verbesserte ist die neue Auflage nur insofern, als

1) in den Text an der betreffenden Stelle einzufügen waren der in der dritten Auflage als Nachtrag abgedruckte Allerhöchste Erlaß vom 8. Dezember 1866 sowie der Allerhöchste Erlaß vom 28. Juli 1876;

2) die Noten in Berücksichtigung neuerer Erlasse der kirchlichen Behörden und insbesondere auch der neueren kirchenpolitischen Gesetze eine beträchtliche Vermehrung erfahren haben, während einiges Veraltete zu streichen war;

3) der Anhang, um die praktische Brauchbarkeit zu erhöhen, durch den Abdruck des Reglements für den westfälischen Emeritenfonds, der General-Synodalordnung und der zugehörigen Gesetze und Verordnungen eine Erweiterung erfahren hat, wogegen, um Raum zu gewinnen, die weniger wichtigen Instructionen für die unteren Kirchenbeamten weggelassen wurden.

Bonn, im November 1877. **Hälschner.**

Inhalt.

I. Die Königlichen Sanctionen v. 5. März 1835, 13. Juni 1853 und 25. Novbr. 1855.

II. Die drei Paragraphen über den Bekenntnissstand.

III. Die Kirchenordnung von 1835 mit Zusätzen.

Erster Abschnitt. Von den Ortsgemeinden, Presbyterien und größeren Gemeinde-Repräsentationen. Zus. 1...6 vom 22. August 1847. 1...15 vom 25. August 1853. A.K.O. vom 8. Decbr. 1866 . §. 1—33b.

Zweiter Abschnitt. Von der Kreis-Gemeinde und Kreis-Synode. Zus. 16...20 von 1853 . . . . . §. 34—43a.

Dritter Abschnitt. Von der Provinzial-Gemeinde und der Provinzial-Synode. Zusatz 21...24 . . §. 44—52b.

Vierter Abschnitt. Von der Erledigung, Wiederbesetzung und Vertretung des Pfarramts. Zus. 25...29. A.K.O. v. 22. Juli 1867. A.K.O. v. 28. Juli 1876. §. 53—65.

Fünfter Abschnitt. Von den Pflichten des Pfarrers. Zusatz 30 . . . . §. 66—74.

Sechster Abschnitt. Von dem öffentlichen Gottesdienste und anderen heiligen Handlungen.

1) Von der Feier des öffentlichen Gottesdienstes . . §. 75—85.

2) Von der Feier der Sacramente. Zusatz 31...33 . §. 86—102.

3) Von dem Religions-Unterricht der Jugend und der Confirmation. Zusatz 34. 35 . . . . §. 103—111.

4) Von der Ordination . . . . §. 112—113.

5) Von der Einsegnung der Ehe. Zusatz 36 . . . §. 114.

6) Von den Beerdigungs-Feierlichkeiten . . . . . . §. 115.

7) Von der Sonn- und Festtags-Feier . . . . . . §. 116.

Siebenter Abschnitt. Von der Schulaufsicht. . . §. 117.

Achter Abschnitt. Von der Kirchen-Disciplin. Zusatz 37...39 . . . . §. 118—129.

Neunter Abschnitt. Von den Gehältern und Remunerationen der verschiedenen Kirchen-Beamten. Z. 40. 41 §. 130—137.

Zehnter Abschnitt. Von den untern Kirchen-Beamten. Zusatz 42...44 . . . . §. 138—143.

Eilfter Abschnitt. Von der Kirchenvisitation. Zusatz 45. 46 . . . . §. 144—146.

Zwölfter Abschnitt. Von dem Kirchen-Vermögen und dessen Verwaltung . . . . §. 147.

Dreizehnter Abschnitt. Von der Staats-Aufsicht über das Kirchenwesen. Zusatz 47 . . . . §. 148.

Anhänge.

Seite

I. Rheinisches Wahlregulativ vom 21. Novbr. 1864 . . . . 70.

II. Reglement für den rheinischen Emeritenfonds . . . . . 74.

		Seite
III.	Reglement für den westfälischen Emeritenfonds	78.
IV.	Allerhöchster Erlaß vom 20. Januar 1876, betr. die Einführung einer General-Synodalordnung für die evangel. Landeskirche der acht älteren Provinzen der Monarchie .	82.
V.	General-Synodalordnung für die evangelische Landeskirche der acht älteren Provinzen der Monarchie	83.
VI.	Gesetz betr. die evangelische Kirchenverfassung in den acht älteren Provinzen der Monarchie vom 3. Juni 1876 . .	98.
VII.	Zirkular-Verfügung des evangel. Ober-Kirchenraths vom 24. Mai 1876 und Bestimmungen über das förmliche Disciplinar-Verfahren und die vorläufige Dienstenthebung auf Grund der General-Synodalordnung	107.
VIII.	Verordnung über die Ausübung der Rechte des Staats gegenüber der evangelischen Landeskirche der acht älteren Provinzen der Monarchie vom 9. September 1876. . .	113.

Erklärung der Abkürzungen:

A. K. O. = Allerhöchste Kabinetsordre.
C. M. R. = Cultus-Ministerialrescript.
Conf. R. = Consistorialrescript.
O. K. R. = Oberkirchenraths-Erlaß.
K. G. u. V. B. = Kirchliches Gesetz- u. Verordnungs-Blatt.

Actenstücke aus der Verwaltung des evangelischen Oberkirchenraths. 1850 ff.

Bramesfeld: Kirchenordnung... mit den für die Rheinprovinz geltenden Zusätzen u. s. w. 1865.

Hagens: Kirchenordnung... mit den seit ihrer Publication erlassenen Declarationen u. s. w. 1856.

Hermens: Handbuch der Staatsgesetzgebung über den christlichen Kultus am linken Rheinufer. 1833—1852. 4 Bde.

Mittheilungen aus der Verwaltung der geistl., Unterrichts- und Medicinal-Angelegenheiten in Preußen. 1847. 1848.

Vogt: Polycarp Joseph Vogt, Kirchen- und Eherecht der Katholiken und Evangelischen in den Preuß. Staaten. 1857. 2 Bde.

Synod.	rhen.	I	Synod.	westf.	I	vom	Jahre	1835
"	"	II	"	"	II	"	"	1838
"	"	III	"	"	III	"	"	1841
"	"	IV	"	"	IV	"	"	1844
"	"	V	"	"	Va	"	"	1847
"	"	VI	"	"	Vb	"	"	1849
"	"	VII	"	"	VI	"	"	1850
"	"	VIII	"	"	VII	"	"	1853
"	"	IX	"	"	VIII	"	"	1856
"	"	X	"	"	IX	"	"	1859
"	"	XI	"	"	X	"	"	1862
"	"	XII	"	"	XI	"	"	1865
"	"	XIII	"	"	XII	"	"	1868
"	"	XIV	"	"	XIII	"	"	1871
"	"	XV	"	"	XIV	"	"	1874
"	"	XVI	"	"	XV	"	"	1877.

I. Die Königlichen Sanctionen.

A. Allerhöchste Kabinetsordre vom 5. März 1835.

Wir **Friedrich Wilhelm** von Gottes Gnaden König von Preußen ꝛc.

Thun kund und fügen hiemit zu wissen,

daß, da sich das Bedürfniß herausgestellt hat, die evangelischen Gemeinden der Provinz Westfalen und der Rhein-Provinz durch eine gemeinschaftliche Kirchen-Ordnung untereinander zu verbinden, Wir, mit Berücksichtigung der verschiedenen, dort bisher geltenden Kirchen-Ordnungen und der eingeholten Gutachten und Anträge der dortigen Synoden, die nachfolgende Kirchen-Ordnung für alle Gemeinden beider evangelischen Confessionen in den dortigen Provinzen haben abfassen lassen. Wir ertheilen derselben mit Aufhebung aller entgegengesetzten früheren Bestimmungen hierdurch Gesetzes-Kraft, und befehlen, daß dieselbe durch die Amtsblätter der Regierungen in den beiden Provinzen bekannt gemacht werde.

Des zu Urkund haben Wir diese Kirchen-Ordnung höchst eigenhändig vollzogen und mit Unserm Königlichen Insiegel versehen lassen.

So geschehen und gegeben zu Berlin, den 5. März 1835.

(L. S.) (gez.) **Friedrich Wilhelm.**

B. Allerhöchste Ordre vom 13. Juni 1853.

(vollständig abgedruckt in den Verhandlungen der achten Rheinischen Provinzialsynode 1853. S. 13...15.)

Indem ich anliegend die neue Fassung der rheinisch-westfälischen Kirchenordnung vom 5. März 1835 zurücksende, will ich Sie ermächtigen, die von den Provinzial-Synoden in Westfalen und der Rheinprovinz gemachten Verbesserungsvorschläge vorbehaltlich des Bestandes des Landesherrlichen Kirchenregiments und der übrigen Landesherrlichen Rechte zu bestätigen.

Sanssouci, den 13. Juni 1853.

(gez.) **Friedrich Wilhelm.**

An den Staats-Minister **v. Raumer** und den Evangelischen Ober-Kirchenrath.

Auf Grund der mittelst Allerhöchster Ordre vom 13. Juni d. J. .... ertheilten Ermächtigung .... ertheile ich hierdurch unter Zustimmung des Evangelischen Ober-Kirchenraths, nachstehenden Zusätzen zu der Kirchen-Ordnung vom 5. März 1835 die erforderliche Bestätigung.

Berlin, den 25. August 1853. (gez.) **v. Raumer.**

C. Allerhöchste Ordre vom 25. November 1855.

Nachdem das Werk der Revision der rheinisch-westfälischen Kirchen-Ordnung vollendet worden, haben die beiden Provinzial-Synoden von Westfalen und Rheinland in dem Wunsche sich geeinigt, nun auch den Bekenntnisstand der evangelischen Landeskirche in Rheinland und Westfalen zu formuliren und sind zu einem übereinstimmenden Beschlusse über diese Formulirung gelangt. Dieser Beschluss ist nach

Inhalt der Berichte des evangelischen Ober-Kirchenraths in den beiliegenden drei Paragraphen gefasst. Nachdem dieser Beschluss durch die kirchlichen Landes-Behörden gründlich erörtert und Mir vorgetragen worden ist, habe Ich in demselben mit Genugthuung den wahren und richtigen Ausdruck des geschichtlichen und gegenwärtigen Bekenntnisstandes der evangelischen Landeskirche Westfalens und des Rheinlandes erkannt, und autorisire die Provinzial-Synoden, nunmehr den gefassten Beschluss und diese Meine Anerkennung desselben den Kreis-Synoden mitzutheilen. — Ich hege dabei die zuversichtliche Hoffnung, dass die Handhabung der kirchlichen Verwaltung, nach Mafsgabe dieser factischen Unterlage unter Gottes Segen dazu dienen wird, den Frieden der Kirche zu erhalten, das geistliche Leben in ihr zu fördern und das Band der Gemeinschaft bei aller Entschiedenheit des Bekenntnisses fester zu ziehen. Eine officielle Publication des Beschlusses der beiden Provinzial-Synoden wird bei dem rein kirchlichen Charakter desselben nicht angemessen sein. Hiernach hat der evangelische Ober-Kirchenrath die beiden Provinzial-Synoden zu bescheiden.

Charlottenburg, den 25. November 1855.

(gez.) **Friedrich Wilhelm.**

An den evangel. OberKirchenrath, zu Händen des Staats-Ministers **von Raumer.**

II. Der Bekenntnisstand.

§. 1. Die evangelische Kirche Wesfalens und der Rheinprovinz gründet sich auf die heilige Schrift des alten und neuen Testaments, als die alleinige und vollkommene Richtschnur ihres Glaubens, ihrer Lehre und ihres Lebens, und erkennt die fortdauernde Geltung ihrer Bekenntnisse an.

§. 2. Diese in Geltung stehenden Bekenntnisse sind, ausser den alten, allgemeinen der ganzen Christenheit, lutherischerseits: die Augsburgische Confession, die Apologie der Augsburgischen Confession, die Schmalkaldischen Artikel und der kleine und grofse Katechismus Luthers; reformirterseits: der Heidelberger Katechismus. Da, wo lutherischerseits die Concordienformel, oder reformirterseits die Augsburgische Confession kirchenordnungsmäfsig besteht, bleiben auch diese in Geltung. Die unirten Gemeinden bekennen sich theils zu dem Gemeinsamen der beiderseitigen Bekenntnisse, theils folgen sie für sich dem lutherischen oder reformirten Bekenntnisse, sehen aber in den Unterscheidungslehren kein Hinderniss der vollständigen Gemeinschaft am Gottesdienste, an den heiligen Sacramenten und den kirchlichen Gemeinderechten.

§. 3. Unbeschadet dieses verschiedenen Bekenntnisstandes pflegen sämmtliche evangelische Gemeinden, als Glieder Einer evangelischen Kirche, Gemeinschaft in Verkündigung des göttlichen Wortes und in der Feier der Sacramente und stehen mit gleicher Berechtigung in Einem Kreis- und Provinzial-Synodal-Verbande und unter derselben höheren kirchlichen Verwaltung.

III. Die Kirchenordnung.

Erster Abschnitt.

Von den Orts-Gemeinden, Presbyterien und den größeren Gemeinde-Repräsentationen.

§. 1.

Jede evangelische Gemeinde bildet nach ihrer örtlichen Begrenzung, welche durch Herkommen oder urkundlich bestimmt ist, eine Parochie.

§. 2 und Zusatz 1, num. 1, 2, 3.

Der Wohnsitz in der Parochie begründet die Einpfarrung und die daraus entstehenden Rechte und Verpflichtungen für jeden evangelischen Glaubensgenossen. [*Exemtionen vom Pfarrverbande finden nur bei Militärpersonen statt*[1]]. Mitglieder der Gemeinde sind jedoch nur diejenigen, welche durch die Confirmation, oder auf ein eingereichtes Kirchenzeugniß in dieselbe aufgenommen worden. Wo letzteres Z. 1,
nicht füglich beigebracht werden kann, hat der in eine Gemeinde neu Einziehende sich durch eine glaubhafte Erklärung vor dem Pfarrer darüber auszuweisen, dass er zur evangelischen Kirche gehört. Diese Zeugnisse und Erklärungen sind vom Pfarrer dem Presbyterium mitzutheilen. Erst nachdem der neu Eingezogene durch Einreichung des Kirchenzeugnisses

---

[1]) Vgl. Allg. LdR. II, 11 §. 277. 278. Militär-Kirchenordnung v. 12. Febr. 1832. §. 3. 5. 34—37. (Vogt S. 190 ff.) Obertrib. Erkenntniss v. 14. August 1838. C.M.R. 17. Juni 1848, num. 14,335. O.K.R. 26. August 1853. Actenstücke aus d. Verwaltg. d. inneren evang. K. Angelegenheiten 1850. S. 108.

oder abgegebene Erklärung sich dem Präses Presbyterii bekannt gemacht hat, wird er zur Theilnahme an Wahlen und kirchlichen Aemtern berechtigt.

Wer eine Gemeinde verläßt, ist gehalten, zuvor beim Pfarrer das erforderliche Kirchenzeugniß[2] zu begehren, und dem Pfarrer der Gemeinde seines neuen Wohnorts dasselbe einzureichen.

Das Namens-Verzeichniß derer, welche bei ihrem Abzuge ein solches Zeugniß begehren, wird von der Kanzel verlesen.

Z. 1, 2. Keinem Eingepfarrten ist es gestattet, ohne dass er den Parochial-Bezirk verlässt, willkürlich eine andere Parochie zu wählen.

Z. 1, 3. Jedes an einen Ort mit Parochieen verschiedenen evangelischen Bekenntnisses zuziehende Gemeindeglied ist verpflichtet, innerhalb eines Vierteljahrs nach seinem Anzuge zu erklären, welcher Parochie es angehören will; es sei denn, dass seine Angehörigkeit zu einer bestimmten Parochie schon vorher durch eine darin empfangene [*pfarramtliche*] Handlung festgestellt ist.

§. 3 und Zusatz 2.

Z. 2. Die Pflichten eines Gemeindegliedes, so wie auch derjenigen Eingepfarrten, welche noch nicht die activen Rechte eines Gemeindegliedes nachgesucht und erworben haben, sind:

1) Die Gnadenmittel der Kirche und der Gemeinde fleißig zu gebrauchen,
2) ein erbauliches Leben zu führen,

---

[2]) Ein zwiefaches Formular für diese Zeugnisse ist, in fast gleichlautender Fassung, von beiden Provinzial-Synoden aufgestellt und vom Cultus-Ministerium genehmigt worden. Hagens S. 107. Bramesfeld S. 22. 23. vgl. Syn. rhen. XI S. 205.

3) sich der bestehenden Kirchenordnung zu unterwerfen, und
4) die für die kirchlichen Bedürfnisse erforderlichen Beiträge zu leisten.

Dagegen hat jedes Mitglied der Gemeinde Antheil an allen kirchlichen Gnadenmitteln, Anstalten und Gerechtsamen derselben, und Anspruch auf die Dienste der Kirchen-Beamten. Jedes selbständige und sonst qualificirte Gemeinde-Glied kann zum Gliede des Presbyterii gewählt werden, und hat ein mittel- oder unmittelbares Stimmrecht bei der Wahl der Pfarrer und anderer Kirchen-Beamten.

§. 4.

Bei Kirchen [*oder Pfarrstellen*], welche keinen Patron haben, hat die Gemeinde das Recht ihre Geistlichen zu wählen[8].

---

[8]) vgl. Allg. LdR. II, 11 §. 358. A. K. O. 25. Sept. 1836. (Rheinwald acta historico-ecclesiastica seculi XIX Bd. II 1836. S. 495):

»Auf Ihren Bericht vom 2. d. M. über die Berechtigung der evangelischen Gemeinden in der Provinz Westfalen und der Rheinprovinz, ihre Prediger selbst zu wählen, erkläre Ich zuvörderst, dass es Mein Wille gewesen ist, durch die Bestimmungen im §. 4 der Kirchen-Ordnung vom 5. März 1835 denjenigen Gemeinden die Berechtigung zur Wahl ihrer Geistlichen wieder beizulegen, welche sich vor dem Eintritte der Fremdherrschaft im unstreitigen Besitze derselben befunden haben.

Obige Bestimmung bezieht sich daher nicht auf solche Orte, an welchen die Gemeinde auch schon vor dem Eintritte der Fremdherrschaft das Recht nicht gehabt hat, ihre Geistlichen selbst wählen zu dürfen. Das Wahlrecht auch solchen Gemeinden neu zu verleihen, ist nicht Meine Absicht gewesen. Ich will aber diesen Gemeinden in der Rheinprovinz, namentlich in den Regierungsbezirken Trier und Coblenz, welche nicht zum Synodal-Verbande von Jülich-Cleve-Berg und Mark gehört haben, diejenige Mitwirkung bei Besetzung ihrer Predigerstellen, welche das Landrecht in den §§. 329. und 334. Tit. XI.

§. 5.

Jede Orts-Gemeinde wird in ihren Gemeinde-Angelegenheiten durch ein Presbyterium vertreten, bestehend aus dem Pfarrer, oder den Pfarrern, aus Aeltesten, Kirchmeistern und Diaconen.

§. 6 und Zusatz 3.

Den Vorsitz im Presbyterium führt der Prediger. Wo mehrere sind, alternirt das Präsidium unter ihnen nach dem
Z. 3. Herkommen; wo sich ein bestimmtes Herkommen über dieses Alterniren nicht gebildet hat, wechselt das Präsidium unter mehreren mit gleichen Rechten angestellten Pfarrern einer Gemeinde jährlich.

In dringenden Verhinderungsfällen des Präses kann da, wo kein anderer Pfarrer vorhanden ist, der Vorsitz einem Aeltesten übertragen werden.

Ordinirte Hülfsgeistliche haben das Recht, den Sitzungen des Presbyteriums mit berathender Stimme beizuwohnen.

§. 7.

Die Zahl der Mitglieder des Presbyteriums richtet sich nach der Größe der Gemeinde; doch sollen deren, außer dem Pfarrer, zum wenigsten vier sein, nämlich zwei Aelteste, ein Kirchmeister und ein Diaconus oder Armenpfleger.

§. 8 und Zusatz 4 num. 1. 2.

Die Mitglieder des Presbyterii, mit Ausnahme der

Th. II. den Gemeinden bei Patronatkirchen bewilligt, mit der Modification der neuen Kirchen-Ordnung §. 59. No. 3. gestatten.«

Berlin, den 25. September 1836.

(gez.) Friedrich Wilhelm.

An den Staatsminister Freiherrn von Altenstein. vgl. Synod. rhen. II §. 63. IV S. 99—102. VII S. 259...262. VIII S. 148. 149. XI S. 109...111. XII S. 239—248.

Prediger, werden in kleinen Gemeinden, deren Seelenzahl nicht über 200 ist, von allen [*nach* §. 21] stimmfähigen Mitgliedern, und in größeren Gemeinden von dem Presbyterium und der größeren Repräsentation der Gemeinde (siehe §. 18), unter Vorsitz des Pfarrers auf vier Jahre Z. 4, 1.
gewählt[4]. Alle zwei Jahre geht die Hälfte der Mitglieder ab; doch können die Abgehenden, wenn sie sich dazu qualificiren, wieder gewählt werden.

Wo es nach den Verhältnissen zweckmäfsig erscheint, kann mit Zustimmung der Kreis-Synode die bisherige zweijährige Amtsdauer beibehalten werden, in welchem Falle alle Jahre die Hälfte ausscheidet.

Scheidet ein Glied des Presbyteriums vor Ablauf Z. 4, 2.
seiner Dienstzeit aus, so wird an dessen Stelle durch das Presbyterium ein Substitut gewählt, welcher so lange das Amt bekleidet, als der Ausgeschiedene dasselbe bekleidet haben würde.

§. 9 und Zusatz 5, 1. 2.

Ohne erhebliche Gründe, zu welchen ein Alter über 60 Jahre, notorische Kränklichkeit, oder ein Geschäft, welches mit öfterer oder langer Abwesenheit von der Gemeinde nothwendig verbunden ist, so wie zwei mit Vermögens-Administration verbundene Vormundschaften zu zählen sind, dürfen die in das Presbyterium Gewählten sich dem Amte, wozu sie erwählt wurden, nicht entziehen[5]. Bei einer unmittel- Z. 5, 1.
baren Wiederwahl in das Presbyterium kann aber der

[4]) Proponendum der Consistorien, dass zur Wahl der Presbyter absolute Majorität erforderlich sein soll von Synod. rhen. XVI und Synod. westf. XV angenommen.

[5]) Justiz M. R. v. 8. Juli 1874 und C.M.R. v. 15. Juni 1874 dass Staatsbeamte zur Uebernahme des Aeltesten-Amtes der Genehmigung der vorgesetzten Dienstbehörde nicht bedürfen.

Wiedererwählte auch ohne das Vorhandensein solcher Entschuldigungsgründe die Stelle ablehnen.

Wer ohne erhebliche Gründe das Amt eines Presbyter ablehnt, verliert dadurch das Recht in Zukunft als Glied des Presbyterii und der größeren Gemeinde-Repräsentation gewählt zu werden. Ueber die Gültigkeit der Entschuldigungs-
Z. 5, 2. gründe entscheidet zunächst das Presbyterium, und auf dem Wege des Recurses, welcher jedoch innerhalb 14 Tagen präclusivischer Frist, vom Tage der Mittheilung der Entscheidung des Presbyteriums an gerechnet, eingelegt werden muss, das Moderamen der Kreis-Synode in letzter Instanz.

§. 10 und Zusatz von 1847, num. 6. Zusatz von 1853, num. 6, 1.2.

Z. 6, 1. Es dürfen nur solche im §. 21 bezeichnete selbständige Gemeindeglieder zu Mitgliedern des Presbyteriums gewählt werden, deren Wandel unsträflich ist, die ein gutes Gerücht in der Gemeinde haben, überhaupt ihre Liebe zur evangelischen Kirche, namentlich durch Erziehung ihrer Söhne [6]) im evangelischen Bekenntnisse bethätigen, und durch Theilnahme an dem öffentlichen Gottesdienst und heiligen Abendmahle ihre kirchliche Gesinnung beweisen.

Ausnahmen in Bezug auf evangelische Kindererziehung können, unter ganz besonderen Verhältnissen, durch das Consistorium gestattet werden.

Die Aeltesten und Kirchmeister müssen das dreißigste
1847, 6. Lebensjahr erreicht, die Diaconen das vierundzwanzigste vollendet haben [7].

Auch dürfen nicht Vater und Sohn, nicht Großvater

---

[6]) vgl. Synod. rhen. VII S. 292.

[7]) Synod. westf. XIII. 38. O.K.R. v. 7. März 1873.

und Enkel, auch nicht Brüder zu gleicher Zeit wechselnde Glieder des Presbyterii sein. Für die Provinz West- Z. 6, 2. falen behält es bei den desfallsigen übereinstimmenden Beschlüssen der 3. Westfälischen Provinzial-Synode 57 und 58 sein Bewenden.

§. 11 und Zusatz 7.

Die erwählten Mitglieder sollen öffentlich von der Kanzel der Gemeinde an zwei auf einander folgenden Sonntagen angezeigt[8], darauf [*die neu eintretenden*[9]] vor der Gemeinde und durch den Pfarrer nach dem in der Agende befindlichen Formular eingeführt werden. Nur bis zur Z. 7. vollzogenen zweiten Verkündigung können Einsprüche gegen die Wahl eingelegt werden. Ueber die Einsprüche entscheidet zunächst das Moderamen der Kreis-Synode, auf erforderten gutachtlichen Bericht des Presbyteriums; und auf Recurs, welcher jedoch innerhalb 14 Tagen präclusivischer Frist, von der Bekanntmachung des Beschlusses des Moderamens an gerechnet, eingelegt werden muss, das Consistorium.

Der Recurs [10] an das Consistorium, welches in A.K.O. 8. Dec. 1866. letzter Instanz entscheidet, ist nur demjenigen, gegen welchen der Einspruch gerichtet worden ist, nicht auch dem Opponenten gestattet. Bis zur endgiltigen Entscheidung über die erhobenen Einsprüche verbleibt der Amtsvorgänger des Beanstandeten in seinen Functionen und falls nicht zu ermitteln ist, an wessen Stelle der Beanstandete treten sollte, entscheidet das Loos darüber, welcher von den ausscheidenden Pres-

---

8) Cons.-R. Coblenz 10. Juli 1869. Münster 5. Septbr. 1871.

9) Consistorial-Rescripte Münster 16. Januar 1838. Coblenz 22. Dec. 1838. s. Hermens III, 651.

10) Allerh. Erlass vom 8. December 1866.

bytern bis zu jenem Zeitpunkte in seinen Functionen zu verbleiben hat.

Einsprüche gegen die Persönlichkeit des Gewählten und die Legalität der Wahlhandlung werden hierbei überall gleichmäfsig behandelt.

§. 12 und Zusatz 8, 1.2.3.4.

Z. 8, 2. Das Presbyterium versammelt sich auf schriftliche oder sonst herkömmliche Einladung des Präses, welche den
Z. 8, 1. Mitgliedern spätestens am Tage vor Abhaltung der Versammlung zukommen muß, in der Regel jeden Monat einmal, in der Sakristei, oder einem andern bestimmten angemessenen Lokale in einem der kirchlichen Gemeindegebäude.
Z. 8, 4. Der Präses eröffnet und schliesst die Verhandlungen mit Gebet, und hat darauf zu halten, daß Ordnung, Anstand und Würde in der Versammlung nicht verletzt und nur über kirchliche Gegenstände gesprochen werde.

Der Präses kann auch, wo es erforderlich ist, außergewöhnlich das Presbyterium zusammenberufen.

Zur Fassung eines Beschlusses müssen zwei Drittel der
Z. 8, 3. Glieder versammelt sein. Ist die Einladung schriftlich und unter Angabe der Berathungsgegenstände erfolgt, so ist schon die Hälfte der Mitglieder des Presbyteriums beschlussfähig. Bei Gleichheit der Stimmen gebührt dem Präses die Schiedsstimme.

§. 13.

Ueber die Verhandlungen wird ein Protokoll geführt und dasselbe in das Protokollbuch eingetragen. Die Protokolle werden von allen anwesenden Mitgliedern unterzeichnet und das Protokollbuch wird dem Superintendenten bei der Kirchen-Visitation vorgelegt.

§. 14 und Zusatz 9, h. i. k. l.

Zu dem Geschäftskreis des Orts-Presbyterii gehört:

a) die Handhabung der Kirchen-Disciplin in der Gemeinde, innerhalb der gesetzlichen Grenzen [§. 118 ff.];

b) die Einleitung der Wahl des Predigers nach den Bestimmungen des Wahl-Reglements [§. 59];

c) es gebührt ihm die Wahl der untern Kirchen-Bedienten [§. 140], die verfassungsmäßige Theilnahme an der Wahl der Elementar-Schullehrer und der §. 8 bezeichnete Antheil an der Wahl der Presbyter;

d) die Aufnahme der vor ihm und der Gemeinde durch den Prediger geprüften Confirmanden [§. 110];

e) nach der Bestimmung des §. 2 die Ertheilung der Kirchen-Zeugnisse für die aus der Gemeinde zu entlassenden Glieder;

f) Sitz und Stimme in der Kreis-Synode durch den Prediger und einen von dem Presbyterio deputirten Aeltesten [*Kirchmeister oder Diaconen*, §. 35];

g) die Verwaltung des Kirchen-, Pfarr-, Schul- und Armen-Vermögens [§. 17. 147];

h) die Aufsicht über die ganze Gemeinde und die Aufrechthaltung guter Ordnung bei dem öffentlichen Gottesdienste [§. 15. 75...85]; Z. 9.

i) die Pflicht, zur Zeit einer Vacanz der Pfarrstelle, nach Anweisung des Superintendenten, dafür zu sorgen, dass der Gottesdienst und der katechetische Unterricht der Jugend gehörig wahrgenommen werde [§. 53...59];

k) die Leitung der kirchlichen Einrichtungen für Armen- und Krankenpflege [§. 17. 147];

l) es bildet innerhalb der verfassungsmäfsigen Grenzen den Schulvorstand der Pfarrschulen, führt die Aufsicht über sämmtliche Schulen in der Gemeinde in Beziehung auf christliche Unterweisung und Erziehung der Jugend, und wahrt im Bereiche der Parochie die der Kirche über die Schulen zustehenden Rechte [§. 66. 117].

§. 15.

Die Pflichten der Aeltesten sind:

Dem Prediger zur Erreichung des Zwecks in seinen Amtsverrichtungen hülfreiche Hand zu leisten.

Insbesondere haben sie:

1) beim öffentlichen Gottesdienste über gute Ordnung zu wachen;
2) sollen sie diejenigen, welche durch Nichtbesuchung des Gottesdienstes, oder sonst durch Uebertretung der im §. 3 bemerkten Pflichten der Gemeindeglieder, Anstoß geben, dem Prediger anzeigen;
3) sind sie verbunden, abwechselnd den Prediger bei den jährlichen Hausbesuchen, wo dieselben üblich sind, zu begleiten;
4) überhaupt durch Ermahnen und Bitten christliche Ordnung, gewissenhafte Kinderzucht und einen frommen Lebenswandel der Gemeindeglieder zu fördern, und endlich
5) den Synodal-Verhandlungen, wenn sie dazu erwählt werden, beizuwohnen.

§. 16.

Die Kirchmeister haben folgende besondere Obliegenheiten:

1) sie empfangen alle Einnahme der Kirche und bestreiten von derselben die Ausgaben auf Assignationen [*Anweisungen*], welche von dem Präses des Kirchen-Vorstandes unterschrieben sind;
2) legen sie jährlich dem Presbyterio Rechnung von ihrer Verwaltung ab, und haben sich jeder besondern von

dem Presbyterio angeordneten Kassen-Revision zu unterwerfen.

[*Auf den Antrag des Presbyteriums kann es der Superintendent gestatten, dass die Rendantur der Kirche gegen Remuneration einem besondern Beamten, welcher jedoch dadurch nicht Mitglied des Presbyteriums wird, übertragen werde*[11]].

3) Sie führen die besondere Aufsicht über die der Gemeinde gehörenden Gebäude, Kirchengeräthe und andere Inventarienstücke der Kirche[12], und machen in der Versammlung des Kirchenvorstandes die Anträge zu nöthigen Bauunternehmungen.

§. 17 und Zusatz 10.

Pflichten der Armenpfleger oder Diaconen:

Die besondern Obliegenheiten der Armenpfleger sind folgende:

1) die Sorge für die Armen der Gemeinde: sie untersuchen deren Familienverhältnisse, ihren häuslichen und ihren sittlichen Zustand, erforschen deren Bedürfnisse, machen die nöthigen Anträge zur Befriedigung derselben in der Versammlung des Kirchenvorstandes und vollziehen in dieser Hinsicht die gefaßten Beschlüsse;

2) sie verwalten den Armenfonds der Gemeinde, besorgen, nach den ihnen zu ertheilenden Anweisungen des Präses, die Einnahmen und Ausgaben, und legen

---

[11]) C. M. R. 14. Oct. 1839. 17. Juli 1844. 22. Juni 1842. (Syn. rhen. III. S. 183.) O.K.R. 26. Aug. 1853. vgl. §. 17 Zusatz 10.

[12]) Hieraus folgt auch die Verpflichtung zur Führung des Lagerbuchs (§. 145), mit Ausnahme der Kirchenbibliothek und des Archivs (§ 63). vgl. Hagens S. 159...162. Syn. rhen. IV S. 220..224.

jährlich dem Presbyterio, welches für die richtige Kassenführung verantwortlich ist, Rechnung von ihrer Verwaltung ab. Auch haben sie sich jeder von dem Presbyterio angeordneten besondern Kassenrevision zu unterwerfen.

Z. 10. Auf den Antrag des Presbyteriums kann es der Superintendent gestatten, dass die Rendantur der Armenkasse gegen Remuneration einem besondern Rendanten, der dadurch nicht Mitglied des Presbyteriums wird, übergeben werde. Auch kann ein anderes Mitglied des Presbyteriums diese Rendantur übernehmen. [*vgl. zu* §. 16, 2.]

3) Sie besorgen die Sammlungen der Beiträge für die Kirche und Armen der Gemeinde und die vom Staate angeordneten kirchlichen Collekten.

§. 18 und Zusatz 11, 1. 2.

Von der größern Repräsentation der Orts-Gemeinde [13].

Jede evangelische Gemeinde, welche über 200 Seelen zählt, erhält, außer dem Presbyterium, eine größere Vertretung, welche gemeinschaftlich mit dem Presbyterium

a) die Prediger wählt;

b) über die Veränderung in der Substanz des Grund-Eigenthums der Gemeinde, Erwerbung oder Veräußerung derselben, wozu auch Erbverpachtungen und Concessionen gegen Erbzins gehören, berathet und beschließt;

c) Gehälter und Gehalts-Zulagen für Kirchenbeamte oder Kirchendiener bestimmt;

d) bei Unzulänglichkeit des kirchlichen Vermögens der

---

[13]) vgl. Allg. Landrecht II, 11. §. 159. 645. 647.

Gemeinde, die Herbeischaffung der nöthigen Bedürfnisse beräth, nöthigenfalls die Umlage auf die Mitglieder der kirchlichen Gemeinde, nach Verhältniß der von denselben zu zahlenden directen Staats- oder Z. 11, 1.
Communal-Steuern, bewirkt und dieselbe der Regierung zur Vollziehung vorlegt[14].

Es steht dem Presbyterium frei, auch in inneren Z. 11, 2.
Angelegenheiten, wo es ihm angemessen erscheint, die Unterstützung der Gemeindevertreter in Anspruch zu nehmen. [§. 30 *a. E.*]

§. 19.

Die Anzahl dieser Vertreter wird, nach der Größe der Seelenzahl der Gemeinde, nach folgender Progression festgestellt:

In Gemeinden von 200 Seelen und darunter werden alle stimmfähigen Gemeindeglieder berufen[15];

a) auf Gemeinden von 200 bis incl. 500 Seelen, 16 Repräsentanten;
b) für Gemeinden von 500 bis 1000 Seelen, 20 Repräsentanten;
c) von 1000 bis 2000 Seelen, 24 Repräsentanten;
d) von 2000 bis 5000 Seelen, 40 Repräsentanten;
e) bei Gemeinden über 5000 Seelen, 60 Repräsentanten.

§. 20.

Die sämmtlichen Repräsentanten werden zum ersten Male gewählt unter dem Vorsitz des Kreis-Superintendenten, mit Zuziehung des Pfarrers oder der Pfarrer der Gemeinde und im Beisein des Orts-Bürgermeisters, wenn dieser evangelischer Confession ist; im entgegengesetzten Falle eines

---

[14]) C.M.R. v. 28. Februar 1857 und 2. Mai 1871.

[15]) vgl. C.M.R. 11. Dec. 1861, Actenstücke V, 219.

evangelischen Beigeordneten oder eines evangelischen Mitgliedes des Stadtraths, wenn ein solcher vorhanden sein sollte.

§. 21 und Zusatz 12, 1. 2. 3.[16]

Wähler der Repräsentanten sind alle [*männliche*] Gemeindeglieder, welche das vierundzwanzigste Lebensjahr zurückgelegt haben, zu den Bedürfnissen der Gemeinde, wo es erforderlich ist, concurriren und

a) entweder ein öffentliches Amt bekleiden,

b) oder einem eigenen Geschäft vorstehen,

c) oder eine eigene Haushaltung führen.

Z. 12, 3. d) Der Sohn einer Wittwe, welcher deren Geschäft führt und das vierundzwanzigste Lebensjahr[17] vollendet hat, besitzt das active und passive Wahlrecht.

Z. 12, 2. Sofern die Gemeindevertretung einzelne Klassen der Gemeinde von der Beitragspflicht durch Beschluss frei lässt[18], erlischt das Wahlrecht derselben nicht.

Z. 12, 1. Das Presbyterium ist befugt, einem Gemeindegliede wegen gegebenen öffentlichen Aergernisses durch einen förmlichen Beschluss das Wahlrecht zu entziehen.

§. 22.

Wählbar zu Repräsentanten sind diejenigen selbständigen Gemeindeglieder, welche das 24. Jahr zurückgelegt, einen unbescholtenen Ruf haben, ehrbaren Lebenswandel führen,

---

16) zu §. 21 bis 28 vgl. O.K.R. 6. Aug. und 30. Sept. 1864 und Rhein. Cons. Rescript 18. Aug. 15. Oct. 1864 (ad Syn. rhen. XI §. 103. 105. 151.) Syn. rhen. XII. §. 11. Vgl. Anhang I.

17) Vgl. Note zu §. 10.

18) Synod. rhen. XIII §. 88. O.K.R. v. 4. Januar 1871.

und an dem Gottesdienste und heiligen Abendmahl fleißig Theil nehmen.

§. 23 und Zusatz 13, 1. 2. 3.

Die Wahl erfolgt auf die Weise, daß jeder Wählende so viele Namen von Wählbaren, als Vertreter der Gemeinde zu ernennen sind, in einem, dem die Wahl leitenden Kirchenbeamten zu übergebenden verschlossenen Zettel benennt, damit die Stimmen ganz frei von allem fremdartigen Einflusse bleiben.

Statt der Abstimmung durch verschlossene Stimmzettel kann das Presbyterium durch Beschluss auch die Wahl durch öffentliche Stimmgebung zu Protokoll Z. 13, 1.
anordnen.

Wo die örtlichen Verhältnisse dies nöthig machen, Z. 13, 2.
kann die Wahl auch mit Berücksichtigung der einzelnen [*örtlichen*] Abtheilungen der Gemeinde erfolgen.

Die nach den Ortsverhältnissen erforderlichen Z. 13, 3.
näheren Bestimmungen der Wahlform bleiben besonderen Wahlordnungen vorbehalten, die, nach Anhörung des Presbyteriums, auf Antrag des Superintendenten durch das Consistorium festgestellt werden.

§. 24 und Zusatz v. 1847 num. 4.

Die Namen der durch relative Stimmenmehrheit erwählten Gemeindevertreter werden an zwei nach einander folgenden Sonntagen von der Kanzel verkündiget[19], und können nur bis zur vollzogenen zweiten Bekanntmachung Einsprüche gegen die Wahl angenommen werden.

Im Uebrigen[20] finden die Bestimmungen in §. 11 A.K.O.
der Kirchen-Ordnung und den dazu erlassenen Er- 8. Dec. 1866.

---

19) Vgl. Note 8 zu §. 11.

20) Allerh. Erlass vom 8. December 1866.

gänzungen, betreffend das Verfahren bei Einsprüchen gegen Presbyter-Wahlen, auch hier Anwendung.

§. 25.

Wenn eine Gleichheit der Stimmen eintritt, so bestimmt das Loos den künftigen Repräsentanten[21].

§. 26 und Zusatz v. 1847 num. 1.

Von diesen Repräsentanten tritt alle zwei Jahre der vierte Theil ab.

§. 27.

Die zuerst Austretenden werden durch das Loos bestimmt.

§. 28.

Die an der Ausgeschiedenen Stelle tretenden neuen Repräsentanten werden von den stimmberechtigten Gemeindegliedern unter dem Vorsitze des Pfarrers erwählt; wo mehrere Pfarrer sind, unter dem Vorsitze des Präses des Presbyteriums; die Abgehenden sind wieder wählbar[22].

§. 29 und Zusatz v. 1847 num. 3.

Wenn in der Zwischenzeit der regelmäßigen Wahlen ein Repräsentant mit Tode abgeht, die Gemeinde verläßt, in das Presbyterium gewählt wird [*oder seine Qualification verliert*], so wird dessen Stelle in der ersten Sitzung der Gemeindevertretung von derselben durch eine neue Wahl wieder in der Art besetzt, daß der neu Gewählte die Stelle seines Vorgängers bis zu dem Zeitpunkte behält, wo

---

[21]) Synod. rhen. XIII §. 37. O.K.R. v. 4. Januar 1871.

[22]) Synod. rhen. XIII §. 38. Cons.-R. Coblenz v. 22. Octbr. 1870 Amtsantritt der Repräsentanten betreffend. Proponendum der Consistorien, Verlegung der Amtsperiode der Mitglieder des Presbyteriums und der Repräsentation auf die Zeit vom 1. April bis Ende März von Synod. rhen. XVI angenommen, Synod. westf. XV abgelehnt.

letzterer durch den regelmäfsigen Wechsel ausgeschieden sein würde.

§. 30.

Die Gemeinde-Vertretung beschließt, unter dem Vorsitz des Präses des Presbyterii, durch Stimmen-Mehrheit gemeinschaftlich mit dem Presbyterium über die von demselben zur Berathung vorgelegten Gegenstände; bei Gleichheit der Stimmen gibt der Präses des Presbyterii den Ausschlag. Das Presbyterium führt die gefaßten Beschlüsse aus, wobei demselben auf sein Ansuchen die nöthige Unterstützung von Mitgliedern der größern Gemeinde-Repräsentation gewährt wird. [§. 18 *Zusatz* 11, 2.]

§. 31 und Zusatz 14.

Der Präses des Presbyterii ist der Präses der größern Gemeindevertretung. [§. 30.] Diese versammelt sich auf dessen Einladung, welche in der Regel wenigstens am Tage vorher und unter Angabe der Hauptgegenstände der Verhandlung den Mitgliedern bekannt gemacht werden muss. Z. 14.

§. 32 und Zusatz v. 1847 num. 2.

Um einen Beschluß fassen zu können, muss die absolute Majorität des aus der Gemeindevertretung und dem Presbyterio bestehenden Collegiums an der Versammlung Theil genommen haben.

§. 33.

Die Beschlüsse des Collegii werden von allen bei der Abstimmung Anwesenden jedesmal unterschrieben.

§. 33a oder Zusatz v. 1847 num. 5.

Eine Versammlung der Gemeinde-Vertreter, welche wiederholt und hartnäckig ihre Pflichten vernachlässigt und in Unordnung oder Parteiung verfällt, ist von dem Provinzial-Consistorium aufzulösen, und ebenso den erwiesen Schuldigen die Wählbarkeit auf eine Zeit oder auf immer zu entziehen.

§. 33^{b} oder Zusatz 15.

Bestehen in einer Gemeinde herkömmlich besondere, die Kirchenordnung ergänzende, näher bestimmende oder modifizirende Einrichtungen, deren Anerkennung sie wünscht, oder fühlt sie sonst das Bedürfniss, neue eigenthümliche Einrichtungen zu treffen, so können solche zu einer statutarischen Bestimmung, oder insofern sie Gemeinde-Angelegenheiten im Ganzen betreffen, zu einem förmlichen Gemeindestatut zusammengefasst werden. Es ist deshalb, nach Vorberathung und auf Antrag des Presbyteriums, ein Beschluss der Gemeinde oder ihrer Vertreter zu fassen und für denselben, nach vorgängiger Begutachtung durch die Kreis-Synode, die Anerkennung der Provinzial-Synode: dass die statutarische Bestimmung zweckmäſsig und wesentlichen Bestimmungen der Kirchenordnung nicht zuwider sei, sowie die schliessliche Bestätigung des Consistoriums nachzusuchen.

Zweiter Abschnitt.

Von der Kreis-Gemeinde und Kreis-Synode.

§. 34 und Zusatz 16.

Die Gesammtheit mehrerer Ortsgemeinden, welche ein gemeinschaftliches Presbyterium haben, heißt Kreis-Gemeinde. Der Umfang derselben wird durch das Herkommen oder durch einen von dem Consistorium mit Genehmigung der höheren Kirchenbehörde und nach Anhörung der betheiligten Presbyterien und Kreis-

Synoden, sowie der Provinzial-Synode gefassten Beschluss bestimmt.

§. 35 und Zusatz 17, 1.2.

Dieses Presbyterium wird die Kreis-Synode genannt, und besteht aus den Pfarrern des Kreises und eben so viel deputirten Aeltesten, [*Kirchmeistern*] oder Diaconen, als Z. 17, 1.
Gemeinden zum Kreise gehören.

Die innerhalb der Kreisgemeinden fungirenden Z. 17, 2.
Anstaltsgeistlichen und Militärprediger, sowie die ordinirten Hülfsgeistlichen, Adjuncten und Vicare, [*und die Mitglieder des Consistoriums*[23]] sind zur Theilnahme an den Kreis-Synoden mit berathender Stimme berechtigt.

Pfarrverweser, welche die Stelle des ordentlichen Pfarrers in der Gemeinde vollständig vertreten, haben auch auf der Kreis-Synode eine volle Stimme.

§. 36 und Zusatz 18, 1.2.

Jeder Kreis-Synode ist ein von derselben aus Geistlichen gewähltes Directorium [*Moderamen*] vorgesetzt, welches aus dem Superintendenten, dem Assessor und dem Scriba besteht. Der Assessor ist der Substitut [*und Beistand*] des Superintendenten, und der Scriba führt bei Synodalzusammenkünften das Protokoll.

Das Directorium wird von der Synode auf sechs Jahre gewählt und kann nach Verlauf dieses Zeitraums wieder gewählt werden[24]. Die getroffene Wahl des Superintendenten und Assessors wird durch das Königliche Consistorium

---

[23]) s. unten §. 52[b].

[24]) Synod. rhen. XIII. O.K.R. v. 2. Novbr. 1870 Wahl von Verwandten in das Moderamen der Kreis-Synode betreffend.

Z. 18, 1. [*dem Oberkirchenrath*[25] *und*] dem Ministerio der geistlichen Angelegenheiten zur Bestätigung vorgelegt.

Stirbt der Superintendent, oder hört er auf, Pfarrer in dem Synodal-Kreise zu sein, so verwaltet der Assessor das Amt des Superintendenten bis zur nächsten Synodal-
Z. 18, 2. Zusammenkunft. Für den Assessor und Scriba werden Stellvertreter gewählt.

Nach dem Beschlusse der Kreis-Synode können in wichtigen Angelegenheiten, nach Maſsgabe der Geschäftsordnung, zwei von der Kreis-Synode auf ein Jahr gewählte Aelteste zu den Verhandlungen des Moderamens mit Stimmrecht zugezogen werden. Die Wahl derselben bedarf der Bestätigung des Consistoriums.

§. 37.

Zu dem Geschäfts-Kreis der Kreis-Synode gehört:

a) Berathung der Anträge an die Provinzial-Synode über alle kirchlichen Gegenstände, worüber die Beschlußnahme nach §. 49 der Provinzial-Synode zusteht;
b) die Aufsicht über die Pfarrer, Orts-Presbyterien, Candidaten, Pfarr-Schul-Lehrer und Kirchendiener des Kreises;
c) die Handhabung der Kirchen-Disciplin innerhalb der gesetzlichen Grenzen [§. 118...128];
d) die Aufsicht über die Verwaltung des Kirchen- und Armen-Vermögens aller Gemeinden des Kreises;
e) die Verwaltung der Prediger-Wittwen-Kasse des Kreises und der Synodal-Kasse [§. 49 *a. E.*];
f) die Leitung der Wahlangelegenheiten der Pfarrer des

25) Allerhöchster Erlass vom 29. Juni 1850. §. 5. 6. Actenstücke des O.K.R. II, 3 oder Heft IX. 1858. S. 187. 189.

Kreises, so wie die Ordination derselben und Introduction [§. 38, 5];

g) die Wahl des Directorii der Synode und der Deputirten der Provinzial-Synode.

§. 38.

Der Superintendent hat

1) in allen kirchlichen Angelegenheiten über Erhaltung und Ausführung der Kirchen-Ordnung und Synodal-Beschlüsse zu wachen und die Rechte der Kirche wahrzunehmen;

2) er führt die Aufsicht über die Presbyterien, über das Fortstudiren und die Führung der Candidaten des Kreises, wie auch über die Amtsverwaltung und den Lebenswandel der Geistlichen, Kirchenbedienten und Schullehrer, nach den Grundsätzen der Kirchen-Ordnung. Er sucht Mißhelligkeiten, welche zwischen Gemeinden, Predigern, Presbyterien, diesen und der Gemeinde entstehen, zu vermitteln und auszugleichen und führt die Disciplinar-Untersuchungen gegen Geistliche, Kirchen-Bediente und Schullehrer und Presbyterien seines Kreises, allein, oder insofern es der Zuziehung richterlicher Personen bedarf, mit denselben gemeinschaftlich;

3) er hält in der Regel in jeder Gemeinde alle zwei Jahre die Kirchen-Visitation nach der vorgeschriebenen Instruction, und stattet darüber Bericht an die geistliche Behörde und an die Synode bei ihrer Versammlung ab. Im Nothfall kann er sich in diesem Geschäfte von seinem Assessor vertreten lassen, so wie letzterer in der Gemeinde des Superintendenten jedesmal die Kirchen-Visitation übernimmt;

4) er ordnet die Geschäfte, welche bei einer vacanten Ge-

meinde zu besorgen sind, bestimmt daher den Turnus, nach welchem die geistlichen Amtsverrichtungen während der Vacanz einer Pfarrstelle von den Predigern der Kreis-Synode und Candidaten verrichtet werden, führt das Präsidium des Presbyteriums der vacanten Gemeinde und besorgt

5) die Wahl-Angelegenheiten in der Gemeinde nach der vorgeschriebenen Ordnung, leitet die Predigerwahl und verrichtet die Ordination und Introduction der Geistlichen, in Verbindung mit dem Assessor und Scriba.

6) Er leitet die Synode bei ihrer Versammlung, ordnet den Gang der Verhandlungen an, hat den Vorsitz und das Recht der Entscheidung bei Gleichheit der Stimmen, und steht an der Spitze in den von der Synode ernannten Kommissionen.

7) Er hat die Verordnungen der Behörden in Ausführung zu bringen. Die Verfügungen derselben, soweit sie die kirchlichen Angelegenheiten und die Amtsführung der Geistlichen betreffen, gelangen allein durch ihn an die Prediger und Gemeinden des Kreises, und durch ihn gehen die Gesuche der Prediger und Gemeinden wieder zu den Behörden.

8) Er ist in der Regel Schul-Inspector, oder es kommen doch alle die Schule betreffenden Angelegenheiten, wenn ein anderer Geistlicher mit der Schulpflege beauftragt ist, an ihn und durch ihn an die Staatsbehörde, und von dieser durch ihn an die Schul-Inspectoren. Er ist hiernach das Organ, sowohl der dem Kirchen- und Schulwesen vorgesetzten Königlichen Behörden, als der Synode [§. 117[26]].

---

[26]) Vgl. Note zu §. 117.

§. 39.

Die Kreis-Synode versammelt sich in der Regel jährlich einmal an dem Orte, der von derselben bestimmt wird. Die Berufung geschieht durch den Superintendenten wenigstens vier Wochen vor der Zusammenkunft. In dringenden Fällen kann er sie auch außerordentlich berufen, oder die schriftlichen Stimmen der Mitglieder einholen.

§. 40.

Nach vorhergegangenem Gottesdienste, wobei derjenige Geistliche, welcher in der vorigen Sitzung dazu gewählt worden, die Predigt hält, eröffnet der Superintendent die Verhandlungen mit einem Gebete, stattet Bericht über den innern und äußern Zustand der Gemeinde des Synodal-Kreises ab, und legt die Gegenstände der Berathung vor. Es können nur kirchliche Gegenstände, welche nach §. 37 zum Geschäftskreise der Synode gehören, berathen werden. Der Superintendent schließt die Verhandlungen mit Gebet.

§. 41.

Die Beschlüsse werden durch Mehrheit der Stimmen gefaßt. Zur Fassung eines Beschlusses wird die Anwesenheit von zwei Drittel der Glieder der Kreis-Synode erfordert.

§. 42.

Die Verhandlungen werden protokollirt, und die Protokolle müssen von dem Superintendenten, Assessor, Protokollführer und allen anwesenden Gliedern der Kreis-Synode unterschrieben werden.

§. 43 und Zusatz 19.

Die Protokolle werden spätestens 14 Tage nach gehaltener Synode von dem Superintendenten durch den General-Superintendenten an das Consistorium gesandt, so Z. 19.
wie auch dem Präses der Provinzial-Synode, und in

der Regel sämmtlichen Kreis-Synoden der Provinz mitgetheilt und zu diesem Ende der Regel nach durch den Druck vervielfältigt. Außerdem circuliren dieselben bei den Pfarrern der Kreis-Synode zur Abschrifts-[*Kenntniss*]nahme und Aufbewahrung im Kirchenarchiv, nachdem dieselben zuvor dem Presbyterio mitgetheilt worden.

§. 43[a] oder Zusatz 20.

Wie für die einzelnen Gemeinden, so können auch für die Kreis-Synoden besondere, der Kirchenordnung nicht widersprechende Einrichtungen getroffen werden. Solche statutarische Bestimmungen sind von der versammelten Kreis-Synode zu beschliessen, und bedürfen zu ihrer Rechtsgültigkeit der Anerkennung der Provinzial-Synode und der Bestätigung des Consistoriums, unter Genehmigung der oberen Kirchenbehörde.

Dritter Abschnitt.

Von der Provinzial-Gemeinde und Provinzial-Synode.

§. 44.

Die in derselben Provinz zu einem kirchlichen Verband vereinigten Kreis-Gemeinden bilden die Provinzial-Gemeinde.

§. 45 und Zusatz 21, 1. 2. 3. 4.

Die Provinzial-Gemeinde hat ein Presbyterium, genannt Provinzial-Synode, zur Besorgung der Angelegenheiten der Provinzial-Gemeinde.

Die Provinzial-Synode besteht aus dem Präses, Assessor und Scriba dieser Synode, aus den Superintendenten der Provinz und aus geistlichen und weltlichen Deputirten der Kreis-Synoden. Jede Kreis-Synode wählt dazu einen
Z.21, 1. Pfarrer und einen Aeltesten [*Kirchmeister*] oder Diaconen aus dem Kreise.

Für die deputirten Pfarrer und Aeltesten oder Z.21.2.
Diaconen werden Stellvertreter gewählt.

Verzieht ein Abgeordneter aus dem Kreis-Syno- Z.21,3.
dalbezirke, so tritt eine Neuwahl ein.

Ausserdem hat die evangelisch-theologische Fa- Z.21,4.
cultät [*zu Bonn*] das Recht, sowohl zu der Westfälischen als der Rheinischen Provinzial-Synode einen aus ihrer Mitte gewählten Deputirten mit vollem Stimmrecht abzusenden, unter Voraussetzung der Fortdauer ihrer statutarischen kirchlichen Stellung und einer angemessenen Einwirkung der Kirche auf die Besetzung der Facultät.

§. 46 und Zusatz 22, 1. 2.

Das Präsidium der Provinzial-Synode besteht aus einem Geistlichen, welcher den Titel: „Präses der Provinzial-Synode" führt, und einem geistlichen Substituten, welcher „Assessor der Provinzial-Synode" heißt.

Beide werden von der Provinzial-Synode aus Geist-
lichen des Provinzial-Synodal-Bereichs durch absolute Z.22,1.
Stimmenmehrheit auf sechs Jahre gewählt und treten in ihre Functionen, wenn sie die Bestätigung des Ministerii der geistlichen Angelegenheiten [*des Oberkirchenraths*[27]]
erhalten haben. Für den Assessor wählt die Synode Z.22,2.
einen Stellvertreter auf sechs Jahre.

Für die Dauer der Versammlung wird ein Geistlicher aus ihrer Mitte zum Scriba (Protokollführer) gewählt.

Der Präses und der Assessor können nach Ablauf der sechsjährigen Frist wieder gewählt werden.

§. 47.

Die Provinzial-Synode versammelt sich in der Regel

---

[27]) Allerhöchster Erlass vom 29. Juni 1850. §. 1 num. 1. Actenstücke des O.K.R. Heft IX. 1858. S. 134.

alle drei Jahre in einer Stadt des Synodal-Bereichs nach Wahl der Synode.

[*In ausserordentlichen und dringenden Fällen kann der Präses, mit Genehmigung des Kirchenregiments, die Stimmen der Mitglieder schriftlich erfordern, oder auch die Provinzial-Synode ausserordentlich versammeln*[28].]

§. 48.

Im Verhinderungsfalle wird der Präses durch den Assessor vertreten. Beim Absterben oder Abzug desselben schreitet die Provinzial-Synode bei der nächsten Versammlung zu einer neuen Wahl, bis wohin der Assessor die Stelle des Präses vertritt.

§. 49.

Die Provinzial-Synode wacht über die Erhaltung der Reinheit der evangelischen Lehre in Kirchen und Schulen, und der in der Provinz geltenden Kirchen-Ordnung.

Sie bringt ihre Beschwerden über Verletzung der kirchlichen Ordnung, über eingeschlichene Mißbräuche in Kirch- und Schulwesen, so wie über die Führung von Geistlichen und Kirchen-Beamten, und ihre desfallsigen Anträge an die betreffenden Staats-Behörden.

Sie beräth die Anträge und Gutachten der Kreis-Synoden ihres Bereichs, und faßt über die innern kirchlichen Angelegenheiten Beschlüsse.

Die Beschlüsse der Provinzial-Synode treten aber erst dann in Kraft und Ausführung, wenn sie die Bestätigung der kompetenten Staatsbehörden erhalten haben.

Sie nimmt an den Prüfungen der Candidaten **pro licentia et ministerio** durch Abgeordnete aus ihrer Mitte,

---

[28]) C.M.R. 6. September 1836. O.K.R. 20. Aug. 1853.

deren Zahl der der Räthe des Consistoriums der Provinz gleich ist, mit vollem Stimmrecht Antheil.

Sie begutachtet die kirchlichen Gegenstände, welche ihr von der geistlichen Staatsbehörde zur Begutachtung vorgelegt werden.

Sie führt die Aufsicht über die Kreis-Synodal-Wittwen- und die Synodal-Kassen ihres Bereichs. [§. 37, e.]

Sie wählt ihren Präses, Assessor und Scriba.

§. 50 und Zusatz 23.

Der Präses der Provinzial-Synode, im Behinderungsfalle der Assessor, beruft die Provinzial-Synode, leitet die Verhandlungen derselben [29], sorgt für die Beobachtung der äußern Ordnung, sammelt die Stimmen, gibt bei Gleichheit der Stimmen durch seine Stimme den Ausschlag, und faßt die Beschlüsse nach der Mehrheit der Stimmen ab. Zur Fassung eines Beschlusses der Provinzial-Synode Z. 23. wird die Anwesenheit von zwei Dritteln der Glieder derselben erfordert.

Der Präses ist der erste Abgeordnete der Provinzial-Synode zu den Prüfungen der Candidaten.

Er hat das Recht, den Kreis-Synodal-Versammlungen mit vollem Stimmrecht beizuwohnen.

Er führt die Correspondenz mit den Staatsbehörden über alle Angelegenheiten der Provinzial-Synode.

Er repräsentirt bei der Einweihung neuer Kirchen die Provinzial-Synode.

§. 51.

Die Provinzial-Synode wird mit Gebet und Rede des Präses eröffnet und geschlossen. Nachdem die Arbeiten des

---

[29]) Geschäftsordnung für Westfalen, Hagens S. 110; für die Rheinprovinz Syn. rhen. XI §. 8 und S. 381.

ersten Tages beendigt sind, wird in der Kirche eine kurze Vorbereitungsandacht für die Abendmahlsfeier gehalten.

Am zweiten Tage ist feierlicher Gottesdienst und die Synode feiert die Communion.

Die Predigt wird von demjenigen gehalten, welcher von der Provinzial-Synode beauftragt worden.

Der Präses theilt das heilige Abendmahl aus, wobei ihm der Geistliche, welcher die Synodal-Predigt gehalten hat, assistirt.

§. 52.

Die Acten [*Protokolle*] der Provinzial-Synode circuliren bei allen Predigern der Provinz, welche eine Abschrift [*Abdruck*] davon im Archiv [§. 145] aufbewahren.

Imgleichen werden von dem Präses die Acten an landesherrliche Behörde eingesandt.

§. 52ᵃ oder Zusatz 24, 1.

Für den Zweck einer einheitlichen Fortbildung und weiteren Entwickelung der die Provinzen Westfalen und Rheinland verbindenden Kirchenverfassung werden die beiden Provinzial-Synoden ihre Sitzungen möglichst gleichzeitig halten und sonst in angemessener Weise mit einander in Vernehmen treten.

§. 52ᵇ oder Zusatz 24, 2.

Die Mitglieder des Consistoriums sind berechtigt, den Versammlungen der Provinzial-Synode, sowie auch der Kreis-Synoden mit berathender Stimme beizuwohnen [§. 35 *Zus.* 17, 2.]

Vierter Abschnitt.

Von der Erledigung, Wiederbesetzung und Vertretung des Pfarramts.

§. 53.

Das Prediger-Amt wird erledigt durch freiwillige Niederlegung, Entsetzung, Versetzung und Absterben des Pfarrers.

Einem Pfarrer steht es frei, der Berufung zu einer andern Gemeinde zu folgen. Wenn jedoch ein dienstfähiger Prediger vor Verlauf von zwei Jahren nach seinem Amtsantritt seine Stelle verläßt, so ist die Gemeinde, welche ihn berufen hat, gehalten, die Kosten seiner Erwählung, Berufung und Einsetzung [§. 59, 18. 61] der Gemeinde, die er verläßt, zu erstatten, welche Kosten von dem Presbyterium der letzteren specificirt und summirt und von dem Superintendenten festgestellt werden, jedoch die Summe von 80 Thlr. nicht übersteigen dürfen[80]).

§. 54.

Bei Erledigung des Predigt-Amts ist Folgendes zu beobachten:

1) Das Presbyterium muß die Erledigung der Stelle sofort dem Superintendenten berichten.
2) Der sein Amt niederlegende Prediger setzt seine Amtsführung noch sechs Wochen nach seiner Niederlegungs-Erklärung fort und beschließt dieselbe durch eine Abschieds-Predigt, mit welcher seine Functionen und die Beziehung des Gehalts aufhören.
3) Bei Niederlegung seines Amtes übergibt der abziehende Prediger alle bei ihm beruhenden Kirchenacten

[80]) Entwurf einer allgemeinen Abrechnungsordnung Syn. rhen. V, 348...354. VII, 131. Bescheid: C.M.R. 29. Febr. 1856.

und Kirchenbücher dem Presbyterio. Dieses geschieht in Gegenwart des Superintendenten oder seines Substituten, welcher ein Inventarium aller Kirchenpapiere anfertigen läßt, wovon er das Duplicat behält.

4) Der Superintendent gibt ihm, wenn er die Kreis-Synode verläßt, nach vorhergehendem Bericht des Presbyterii und eingeholtem Gutachten der Kreis-Synode ein Zeugniß über seine Amtsführung.

5) Wenn ein Pfarrer mit Tode abgeht, so nimmt das Presbyterium binnen 8 Tagen nach seiner Beerdigung, die Kirchen-Sachen und Schriften, welche der Verstorbene in Händen hatte, in Gegenwart des Superintendenten in Empfang.

§. 55.

Die Bedienung einer erledigten Stelle, wenn kein Wittwen-Jahr Statt findet, geschieht also:

a) Während der Vacanz predigen die Candidaten der Synode und diejenigen Candidaten aus andern Synoden, welche der Superintendent aus eigener Bewegung, oder auf den Wunsch der Gemeinde zu Gastpredigten auffordern wird.
Sie haben auch Nachmittags öffentliche Catechesation zu halten.

b) Zu den übrigen Amtshandlungen sind, wenn kein zweiter Prediger bei der Gemeinde ist, dem Herkommen gemäß, die benachbarten Prediger gegen die Jura Stolae verpflichtet.

§. 56.

Die Bedienung einer erledigten Pfarrstelle, wenn die Wittwe oder Waisen die Wohlthat eines Nachjahres haben, geschieht also:

a) Bei Gemeinden, bei denen kein zweiter Prediger ist,

predigen die Prediger und Candidaten der Kreis-Synode und catechesiren Sonntags nach einem vom Superintendenten zu bestimmenden Turnus. Sie haben weder Remuneration, noch Reisekosten zu fordern, werden aber von der Wittwe oder den Waisen bewirthet.

b) Ist der Turnus einmal beendigt, so predigen die Candidaten, welche zu Probe-Predigten aufgefordert worden sind.

c) Hierauf beginnt der Turnus von Neuem, bis das Jahr beendigt ist.

d) Die vorfallenden Kindtaufen und Copulationen werden, so viel wie möglich, auf den Sonntag verlegt, damit dieselben von den Circular-Predigern verrichtet werden.

Diejenigen Amtshandlungen aber, welche sich nicht auf den Sonntag verlegen lassen, werden von den benachbarten Predigern verrichtet. Diese alterniren wöchentlich, jedoch steht es ihnen frei, ein Abkommen unter sich zu treffen, nach welchem jedem der Theil der Gemeinde, welcher ihm am nächsten liegt, angewiesen wird.

Für alle sonst vorkommenden Fälle, besonders die Führung der Kirchenbücher, ernennt der Superintendent einen Stellvertreter des Pfarrers. Die Geistlichen, welche die kirchlichen Amts-Handlungen verrichtet haben, sind verpflichtet, sofort dem Stellvertreter die zur Eintragung ins Kirchenbuch erforderlichen Notizen schriftlich mitzutheilen.

§. 57.

Wenn noch ein zweiter Prediger bei der Gemeinde ist, übernimmt derselbe alle während der Vacanz vorfallenden geistlichen Amts-Handlungen, die Führung der Kirchenbücher, das Präsidium im Presbyterio und die ganze specielle Seelsorge. In Betreff der Predigten an den Sonn- und Festtagen findet aber die §. 56 angeordnete Einrichtung auch in diesem Falle Statt.

§. 58.

Bei Erledigung einer Stelle ohne Nachjahr wird binnen drei Monaten von dem Tage ab, an welchem die Erledigung der Stelle der Gemeinde bekannt gemacht worden ist, und wo das Nachjahr Statt findet, neun Monate nach dem Tode des Predigers zur Wahl geschritten. Die Dauer des Nachjahrs wird auf ein Jahr und sechs Wochen, vom Todes-Tage an gerechnet, bestimmt.

§. 59 und Zusatz 25. 26. 27. 1. 2.

Die Wiederbesetzung einer erledigten Pfarrstelle durch freie Wahl der Gemeinde oder deren Repräsentanten erfolgt auf folgende Weise:

1) Der Superintendent ladet die Candidaten, welche die Repräsentation, oder, wo keine ist, die Gemeinde zu hören wünscht, und die er außer diesen der Gemeinde empfohlen hat, zur Haltung einer Probe-Predigt und Catechesation ein. Unter den Eingeladenen müssen sich sämmtliche Candidaten der Kreis-Synode befinden.
2) Die Candidaten haben keine Ansprüche auf Reise- und Zehrungskosten zu machen. In der Gemeinde aber werden sie unentgeltlich anständig bewirthet.

Z. 25. 3) Ein schon im Amte stehender Pfarrer darf sich zwar zu einer Probepredigt nicht melden; wünscht aber die Gemeinde einen solchen, so kann sie ihn entweder zu einer Gastpredigt auffordern, oder aus ihrer Mitte eine Deputation ernennen, die ihn an seinem Wohnorte hört, sich nach seinen Eigenschaften erkundigt, und den Wahlberechtigten darüber Bericht erstattet.
4) Der Tag der Wahl wird der Gemeinde wenigstens

vierzehn Tage vor derselben durch eine Proclamation von der Kanzel bekannt gemacht.

5) Der Superintendent, oder im Fall seiner Abwesenheit der Assessor, begibt sich in Begleitung des Scriba am Wahltage zur bestimmten Zeit in die Kirche der vacanten Gemeinde.

6) Die Handlung wird mit Gottesdienst eröffnet.

7) Unmittelbar nach dem Gottesdienste wird zur Wahl geschritten. Der Superintendent leitet die Wahl. Nur Stimmberechtigte nehmen daran Antheil.

8) Die Stimmberechtigten werden aufgerufen: einzeln, nach der Ordnung, wie sie in dem Verzeichniß aufgeführt sind, an den Chortisch zu treten und ihre Stimme abzugeben[31].

9) Niemand kann seine Stimme durch einen andern abgeben lassen, ausgenommen, wenn nachgewiesen worden, daß er krank oder verreist ist[32]. [*num.* 12 *e.*]

10) Wer auf die Aufforderung, oder vor dem Schluß der Wahl nicht erscheint, wird als abwesend notirt und seine Stimme nicht mehr angenommen.

11) Der Scriba und ein vom Presbyterio deputirtes Mitglied desselben schreiben zu dem Namen des Stimmenden den Namen dessen, welchem die Stimme gegeben worden ist.

12) Nachdem alle anwesende Stimmberechtigten ihre Stimme abgegeben haben, wird zum Zählen der Stimmen geschritten. a) Wer unter den Concurrirenden die Z. 26.
absolute Mehrheit, d. h. mehr als die Hälfte aller A.K.O. 22. Juli 1867.

---

31) Cons. R. Münster 4. October 1873.

32) Findet keine analoge Anwendung auf Wahl der Presbyter und Repräsentanten. Synod. rhen. XIV §. 10 Cons. R. Coblenz v. 6. Novbr. 1872.

abgegebenen Stimmen hat, ist der erwählte Prediger. Wenn von zwei Concurrirenden jeder die Hälfte derselben hat, so entscheidet das Loos. b) Ist Beides nicht der Fall, so werden diejenigen, welche die meisten Stimmen haben, auf eine engere Wahl gebracht, und zwar zunächst auf eine Dreizahl, weiter erforderlichen Falls auf eine Zweizahl, bis die absolute Mehrheit erreicht ist. Die durch Stimmengleichheit entstehende Frage, wer in die engere Wahl aufzunehmen sei, wird durch das Loos entschieden. c) Jede Wahlstimme, welche auf einen anderen als die in der Wahl gebliebenen Candidaten fällt, ist ungültig und wird nicht mitgezählt. d) Wenn von zwei in die engere Wahl Gekommenen jeder die Hälfte der abgegebenen Stimmen erhält, so entscheidet wie ad a das Loos. e) Abwesende (*num.* 9) können ihr Wahlrecht nur durch die Vermittelung eines anderen Wahlberechtigten ausüben und muss ihre Vollmacht den bestimmten Namen desjenigen Candidaten enthalten, welchem sie ihre Stimme geben wollen. Ihre Stimme wird auch bei den engeren Wahlgängen so lange mitgezählt, als der von ihnen bezeichnete Candidat bei denselben concurrirt. Der Superintendent verkündet das Resultat der Wahl.

13) Es wird ein Wahlprotokoll aufgenommen und vom Superintendenten und seinem Assistenten, so wie von dem Presbyterio unterschrieben. An den nächsten drei Sonntagen wird das Resultat der Wahl der Gemeinde vor Schluß des öffentlichen Gottesdienstes von der Kanzel bekannt gemacht.

14) Geschehen Einsprüche gegen den Gewählten, welche jedoch innerhalb der, auf die erste Bekanntmachung von der Kanzel folgenden, vierzehn Tage bei dem Superintendenten eingelegt werden müssen, so werden dieselben auf der Stelle von demselben mit Zuziehung des Presbyterii untersucht und dem Consistorium[33] mit gutachtlichem Bericht des Superintendenten zur Entscheidung vorgelegt.

15) Der Erwählte erhält eine vom Presbyterio, Namens der Gemeinde, unterschriebene, vom Superintendenten als richtig bescheinigte und vom Consistorium bestätigte Vocation [§. 60].

16) Der Erwählte kann sich eine Bedenkzeit von vier Wochen nehmen, jedoch muß er, im Falle der Annahme des Berufs, spätestens innerhalb neun Wochen nach Z. 27, 1. gegebener Zusage sein Amt antreten. Stand der Z. 27, 2. Berufene schon in einem [*geistlichen*[34]] Amte, so tritt er in dem Augenblicke, in welchem er von dessen Verwaltung enthoben wird, in die Rechte und Einkünfte des neuen Pfarramts ein.

17) Nimmt der Erwählte die Berufung nicht an, so muß innerhalb vier Wochen nach der ablehnenden Antwort des Berufenen zu einer neuen Wahl geschritten werden.

18) Die Kosten der Wahl werden aus den Einkünften der Kirche, und wo diese mangeln, von der Gemeinde bestritten [§. 53].

Zusatz A. K. O. 28. Juli 1876[35].

I. Alle Pfarrstellen, welche bisher auf Grund des Patronats, specieller Statuten oder aus anderen Gründen

---

[33]) Allerh. Verordnung vom 27. Juni 1845. §. 1.

[34]) C.M.R. 7. April 1857.

[35]) K. G. u. V. B. 1876/77 No. 2.

der freien kirchenregimentlichen Verleihung unterlegen haben, sind in Zukunft dergestalt zu besetzen, dass die Kirchenbehörde in dem einen Falle mit, in dem andern ohne Concurrenz einer Gemeindewahl den Pfarrer beruft.

II. Für das Verfahren bei der Gemeindewahl sind die Bestimmungen des §. 59 der Kirchenordnung vom 5. März 1835 mit den dazu ergangenen oder künftig zu erlassenden Ergänzungen mafsgebend.

III. Die Wahl der Gemeinde kann auf alle für die Verwaltung des geistlichen Amts in der evangelischen Landeskirche qualificirte Personen sich richten, jedoch mit der Beschränkung, dass in Pfarrstellen, deren Jahreseinkommen, ausschliesslich der Dienstwohnungsnutzung, Dreitausendsechshundert Mark übersteigt, nur Geistliche von mindestens zehn Dienstjahren, und in Pfarrstellen, deren Jahreseinkommen, ausschliesslich der Dienstwohnungsnutzung Fünftausendvierhundert Mark übersteigt, nur solche von mindestens fünfzehn Dienstjahren gewählt werden dürfen.

Das Dienstalter ist vom Zeitpunkt der Ordination ab zu berechnen, jedoch ist diejenige Zeit, während welcher ein Geistlicher im Schulamte fest angestellt gewesen ist, auf das kirchliche Dienstalter mit in Anrechnung zu bringen.

Ist die Höhe des Jahreseinkommens zweifelhaft, so stellt das Consistorium, nach Anhörung der Gemeinde-Vertretung den Ertrag der Stelle fest.

IV. Die Vocation auf Grund der Gemeindewahl stellt das Consistorium aus. Die Ertheilung derselben darf nur versagt werden: 1) wegen Gesetzwidrigkeit des Wahlverfahrens, 2) wegen Mangels der gesetzlichen Wählbarkeit des Gewählten, 3) wegen Verletzung der vorstehend über das erforderliche Dienstalter der zu Berufenden gegebenen Vorschriften, 4) wegen geistiger oder körperlicher Unfähigkeit des Gewählten, das Amt zu verwalten.

V. Das Wahlrecht der Gemeinden tritt in Wirksamkeit für die vom 1. September d. J. ab eintretenden Stellenerledigungen. Fällt die erste von diesem Tage ab eintretende Stellenerledigung in einen ungeraden Monat, so wählt die Gemeinde, wenn auf einen geraden Monat, so beruft die Kirchenbehörde ohne Gemeindewahl. Erfolgt die erste Erledigung vom 1. September d. J. ab auf andere Weise als durch den Tod des Stelleninhabers, so wählt die Gemeinde. Wird von dem 1. September d. J. ab eine neue Stelle besetzt, so beruft die Kirchenbehörde ohne Gemeindewahl.

Jede Besetzung gilt erst mit der Einführung des Geistlichen in das Amt als vollendet.

Die vorstehend hinsichtlich des Dienstalters der zu berufenden Geistlichen festgesetzten Beschränkungen sind auch in denjenigen Fällen zu beobachten, in denen die Kirchenbehörde den Pfarrer ohne Concurrenz einer Gemeindewahl beruft.

§. 60.

Damit die Berufungs-Urkunde der Gemeinde an den erwählten Pfarrer nichts enthalte, was der Kirchen-Ordnung zuwider, und alles enthalte, was die Gemeinde von dem Berufenen zu fordern berechtigt ist, und was der Prediger an festem Einkommen und Stolgebühren und Gerechtsamen in Anspruch zu nehmen hat, so wird jede Vocation nach einem, von der Provinzial-Synode entworfenen und von dem Königl. Ministerio der Geistlichen ꝛc. Angelegenheiten genehmigten, Formular[36] angefertigt und vollzogen werden.

[36]) Das Formular für Westfalen, genehmigt 7. Mai 1838:

§. 61.

Die Abholung des Erwählten an den Ort seiner Bestimmung geschieht auf Kosten der Gemeinde, welche auch verpflichtet ist, seine Familie und Effecten unentgeltlich abzuholen, imgleichen die mit der Ordination und Introduction verbundenen Kosten zu tragen [§. 53].

§. 62.

Ist der Berufene ein nicht ordinirter Candidat, so wird er am Tage seiner Introduction vor der versammelten Gemeinde, bei welcher er sein Amt antritt, ordinirt, und zwar an einem Wochentage. Die Ordination geschieht durch den Superintendenten, im Beistande des Assessors und Scriba, und derjenigen Pfarrer der Kreis-Synode, welche auf die Einladung des Superintendenten, welcher als Pfarrer der Kreis-Synode zur Beiwohnung dieser Feierlichkeit einladen muß, erscheinen werden.

Nach einer kurzen Rede des Superintendenten wird der Einzuführende nach Vorschrift der Kirchen-Agende, unter Ablegung seines Gelübdes, verpflichtet und erhält demnächst unter Auflegung der Hände der anwesenden Geistlichen die Weihe zu seinem Amte, unter Segenswunsch und Gebet; alles nach Vorschrift der Landes-Agende. Unmittelbar nach der Ordination hält der Ordinirte seine Eintritts-Predigt.

§. 63.

Ist der Berufene schon ordinirt, so findet blos durch den Superintendenten die Introduction Statt, worauf der berufene Geistliche seine Einführungs-Predigt hält.

§. 64.

Ueber die geschehene Ordination und Introduction hat

Hagens S. 113...115; für die Rheinprovinz, etwas erweitert: Syn. rhen II. S. 96...101, genehmigt C.M.R. 10. Oct. 1839. (Bramesfeld Anlage V.) Dazu C.M.R. 9. März 1840, über die erforderliche Unterschrift des Superintendenten. Ueber den Stempel: Bramesfeld Anhang S. 131.

der Superintendent Bericht durch den General-Superintendenten an das Consistorium zu erstatten.

§. 64a oder Zusatz 28.

Die für Wiederbesetzung erledigter Pfarrstellen gegebenen gesetzlichen Bestimmungen kommen auch bei Pfarrverwesern, die mit dem Rechte der Nachfolge angestellt werden, so wie bei allen lebenslänglich angestellten ordinirten Hülfsgeistlichen in Anwendung.

Bei der Anstellung ordinirter oder nicht ordinirter Candidaten für unbestimmte Zeit, welche die Gemeinde besoldet, genügt es, dass der Superintendent mit der Gemeinde-Vertretung ein Wahl-Protokoll abfasst und zu ordentlicher Bestätigung vorlegt. Bei Anstellung von Gehülfen, die der Pfarrer selbst besoldet, findet keine Wahl durch die Gemeinde-Vertretung statt; die Anstellung selbst aber unterliegt der Zustimmung des Presbyteriums und des Superintendenten.

§. 65 und Zusatz 29.

Ueber das Nachjahr der Prediger-Wittwen [*und Waisen*] gelten folgende Bestimmungen:

1) Die Wittwe oder die noch unversorgten Kinder des Predigers, [*welche bis zu dessen Ableben in seiner väterlichen Gewalt gestanden, resp. von ihm unterhalten wurden*[37]] bleiben, von seinem Todestage

[37]) Ursprünglich hiess es: »Die noch unversorgten unmündigen Kinder.« Dies ist beseitigt 1) durch die ungedruckte A.K.O. vom 29. Juli 1840 (Auszug im Ministerialblatt f. innere Verwaltg. 1840. S. 352. Vogt I, 579), welche auch den Mündigen den Genuss des Nachjahrs gewährte, wenn sie bis zum Tode des Pfarrers in seiner Vatergewalt geblieben waren; 2) durch A.K.O. vom 19. April 1847 (Mittheilungen S. 246),

an gerechnet, noch ein Jahr und sechs Wochen in dem vollen Genusse des Pfarrhauses und aller Pfarr-Einkünfte.

2) Nur die Gattin, welche mit dem Pfarrer verheirathet war, während er noch im Amte stand, nicht aber die, welche er als Emeritus geheirathet hat, so auch nur die eheleiblichen Kinder des verstorbenen Pfarrers, welche zur Zeit seines Todes oder seiner Emeritirung bereits vorhanden waren, können auf den Genuß des Ruhegehalts während des Gnaden-Jahres Anspruch machen.

3) Wenn die Gemeinde vor Ablauf des Nachjahrs einen neuen Prediger zu haben wünscht, so muß sie sich mit
Z. 29. der Wittwe oder den Waisen abfinden. Die Abfindung des früher eintretenden Nachfolgers mit der Wittwe und den Waisen des Vorgängers kann, unbeschadet der Ansprüche der letzteren auf das gesetzliche Nachjahr, dahin erfolgen, dass dieselben es sich müssen gefallen lassen, sechs Monate und sechs Wochen im Besitze der Einkünfte zu bleiben, und dann ein Jahr lang die Einkünfte einschliesslich der Wohnung oder Miethe während desselben, mit dem neuen Pfarrer zu theilen.

---

welche es für die Rheinprovinz auch genügend erklärte, wenn die unversorgten Kinder von dem Pfarrer bis zu seinem Tode unterhalten worden seien. (Beides gedruckt bei Vogt I, 519.) Ausserdem hatte schon eine A.K.O. vom 17. Dec. 1839 (Ministerialblatt 1840 S. 49) alle entgegenstehenden Lokalrechte aufgehoben; vgl. Hagens S. 61. Syn. rhen. XI. S. 248...252 und O.K.R. Bescheid v. 1. Oct. 1863.

Fünfter Abschnitt.

Von den Pflichten des Pfarrers.

§. 66.

Dem Pfarrer liegt ob, nach Anleitung der eingeführten Kirchen-Agende den Gottesdienst abzuhalten, die Sacramente zu verwalten, und alle geistlichen Amtshandlungen zu verrichten; den Unterricht der Jugend im Christenthum vorzunehmen, die ihm überwiesene Aufsicht über die Schulen zu führen und sich allen zur Seelsorge gehörenden Geschäften zu unterziehen.

§. 67.

Er muß mit einem unbescholtenen exemplarisch-christlichen Lebenswandel der Gemeinde, welche ihm anvertraut ist, vorleuchten, und überall den Ernst und die Würde eines Geistlichen behaupten.

§. 68.

Er hat die Kirchenbücher nach den darüber bestehenden Gesetzen zu führen, und für die Aufbewahrung aller Bücher, Documente und Nachrichten, welche den Zustand und das Vermögen der Gemeinde betreffen, Sorge zu tragen [*vgl.* §. 16, 3. 54, 3].

§. 69.

Als Vertreter der Gemeinde in den Kreis- und Provinzial-Synoden soll er sowohl das Beste der ganzen Kirche als auch besonders seiner Gemeinde vor Augen haben und zu befördern suchen.

§. 70 und Zusatz 30.

Für die genaue Besorgung derjenigen Verrichtungen, welche der Staat den Predigern, insbesondere bei Eheverhältnissen, Aufgeboten, Trauungen, Taufen, Begräbnissen, Führung der Kirchenbücher und der aus denselben auszustellenden Zeugnisse aufträgt, ist er der Obrigkeit verantwortlich.

Z. 30. Die Zeit der Amtshandlungen des Pfarrers ist, mit Einwilligung desselben, nach billiger Anordnung des Presbyteriums zu bestimmen.

§. 71.

Der Prediger darf zwar die Grundstücke, deren Benutzung ihm zu seiner Salarirung angewiesen ist, selbst bewirthschaften, mit schriftstellerischen Arbeiten und der Erziehung fremder Kinder, auch gegen Pension, sich beschäftigen, aber kein bürgerliches Gewerbe treiben.

§. 72.

Wenn ein Prediger eine Reise zu machen beabsichtigt, welche nicht über vierzehn Tage währt, so hat er davon dem Presbyterio Anzeige zu machen. Zu längerer Abwesenheit hat er den Urlaub von seinem Superintendenten nachzusuchen, welcher ihm denselben auf vier Wochen geben kann. Ein noch längerer Urlaub kann nur vom General-Superintendenten gegeben werden, welcher indeß die Zeit von acht Wochen nicht überschreiten darf. Ein Urlaub für mehr als acht Wochen ist durch den General-Superintendenten bei dem Präsidenten des Consistorii nachzusuchen.

§. 73.

Der Pfarrer hat im Falle eines Reise-Urlaubs für seine Vertretung zu sorgen.

§. 74.

Der Prediger, den eine langwierige Krankheit verhindert, seine Stelle selbst zu versehen, kann auf einen Substituten antragen, welcher auf den Vorschlag des Pfarrers vom Superintendenten für die Zeit der Krankheit des Pfarrers angeordnet wird. Für die Entschädigung des Substituten muß der Pfarrer sorgen. Wird ein Pfarrer durch Altersschwäche oder unheilbare Krankheit verhindert sein Amt fortzusetzen, so wird derselbe emeritirt. Der emeritirte Pfarrer behält wenigstens die Hälfte seines bisherigen Dienst-Einkommens[38]).

Die Gemeinde hat dafür zu sorgen, daß der Nachfolger bis zum Tode des emeritirten Pfarrers anständig besoldet werde.

Sechster Abschnitt.

Von dem öffentlichen Gottesdienste und anderen heiligen Handlungen.

1) Von der Feier des öffentlichen Gottesdienstes.

a) Allgemeine Bestimmungen.

§. 75.

Die Kirchen sind lediglich zur Abhaltung des Gottesdienstes und Verrichtung anderer kirchlicher Handlungen bestimmt, und dürfen zu anderen Zwecken, ohne Genehmigung des Presbyteriums, des Superintendenten und des Consistoriums der Provinz, nicht benutzt werden.

§. 76.

Für eine ihrem Zwecke entsprechende Einrichtung der Kirchen ist möglichst Sorge zu tragen.

§. 77.

Die Gesänge beim öffentlichen Gottesdienst dürfen nur

---

[38]) Nicht aber der, im §. 131 von dem Diensteinkommen unterschiedenen Dienstwohnung. C.M.R. 7. Nov. 1839. — Reglement für den rheinischen Emeritenfonds, fast wörtlich nach dem Entwurf der Provinzialsynode X S. 293...297, s. Amtsblatt des Consistoriums zu Coblenz 1865 Num. 9. 16 und Bescheid auf Syn. rhen. XI. §. 143.

aus der von der Provinzial-Synode zu diesem Zwecke vorgeschriebenen und landesherrlich bestätigten Lieder-Sammlung gewählt werden.

§. 78.

Die Predigt, als ein Hauptstück des Gottesdienstes, sei einfach und deutlich, würdevoll und kräftig, der heiligen Schrift und dem evangelischen Glaubensbekenntnisse gemäß und erbaulich.

§. 79.

Die Wahl der Texte wird in der Regel den Predigern überlassen. Sie müssen jedoch aus den kanonischen Büchern der Bibel genommen werden.

§. 80.

Es dürfen in der Kirche Publikationen bürgerlicher Verfügungen oder Handlungen freiwilliger Gerichtsbarkeit nicht Statt finden.

b) Besondere Bestimmungen.

Von dem Gottesdienste an Sonn- und Feiertagen.

§. 81.

Der öffentliche Gottesdienst und alle andern gottesdienstlichen Handlungen sind nach den in der Agende für die Preußischen Lande, mit besonderen Bestimmungen für die Rheinprovinz und Westfalen enthaltenen Anordnungen vorzunehmen.

§. 82.

Alle Sonn- und Festtage soll in jeder Gemeinde so oft Gottesdienst gehalten werden, als es herkömmlich ist. Der Wochen-Gottesdienst richtet sich ebenfalls nach dem Herkommen.

§. 83.

Dieses Herkommen kann nur auf Antrag der Gemeinde

und den Bericht des Superintendenten von dem Consistorio abgeändert werden.

§. 84.

Der Vormittagsgottesdienst fängt im Sommerhalbjahr um neun Uhr an; im Winterhalbjahr, vom ersten October bis zum ersten April, kann derselbe bei zerstreuten Gemeinden um zehn Uhr seinen Anfang nehmen.

§. 85.

Das Zusammenberufen der Gemeinde zum Gottesdienste, so wie auch das Ankündigen der sonn- und festtäglichen Feier am Vorabende, geschieht nach der Observanz jedes Orts. Der Gottesdienst darf erst fünf Minuten nach dem letzten Geläute anfangen, damit die Gemeinde Zeit habe, ihre Plätze einzunehmen.

2) Von der Feier der Sacramente.

§. 86.

Die evangelische Kirche feiert unter dem Namen der Sacramente nur zwei von dem Erlöser selbst angeordnete Handlungen:

die heilige Taufe und das heilige Abendmahl.

§. 87 und Zusatz 31.

Die Verwaltung der beiden Sacramente darf nur von einem kirchenordnungsmäßig berufenen und ordinirten Prediger der evangelischen Kirche geschehen; er darf sie auch nur in der ihm angewiesenen Gemeinde und außerhalb derselben nicht anders, als mit Genehmigung des Pfarrers der Gemeinde verrichten.

Eine Ausnahme von dieser Regel findet nur im Z. 31.
Falle einer Nothtaufe statt.

§. 88.

Beide Sacramente werden in der Regel bei dem öffentlichen Gottesdienste, in Gegenwart der versammelten Gemeinde verwaltet.

a) Von der heiligen Taufe.

§. 89.

Alle Kinder evangelischer Christen sollen innerhalb sechs Wochen nach ihrer Geburt durch die heilige Taufe in die christliche Kirchengemeinschaft aufgenommen werden.

§. 90 und Zusatz 32.

Von den Erwachsenen, welche in die evangelische Kirchengemeinschaft eintreten wollen, werden nur diejenigen getauft, welche aus einem nichtchristlichen Glaubensbekenntniß zur
Z. 32. evangelischen Kirche übergehen, oder von denen nicht erweislich ist, dass sie das Sacrament der heiligen Taufe nach der Vorschrift des Herrn empfangen haben.

§. 91.

Bei der Taufe eines Kindes müssen der Vater desselben, wenn nicht dringende Umstände es unmöglich machen, und wenigstens zwei Taufzeugen gegenwärtig sein.

§. 92.

Die Taufzeugen sollen aus den Gliedern der evangelischen Kirche, oder doch aus einer Kirche christlichen Glaubensbekenntnisses gewählt werden. Sie müssen bereits zum heiligen Abendmahl zugelassen sein.

§. 93.

Bei der Taufe eines Kindes ist nur die Beilegung solcher Namen zuzulassen, welche unter die bei den Christen üblichen Taufnamen gehören.

§. 94 und Zusatz 33.

Privattaufen in den Wohnungen der Gemeindeglieder können als Ausnahmen bewilligt werden: bei erwiesener Schwächlichkeit des Täuflings, bei anhaltend übler Witterung,

wie auch in anderen Fällen. Es müssen dabei, wo mög- Z. 33.
lich, ein Presbyter der Gemeinde und jedenfalls zwei Zeugen anwesend sein, deren Anwesenheit unerlässlich ist.

§. 95.

Es sollen dem Prediger die Namen des Kindes, der Tag und die Stunde der Geburt, die Namen und der Stand der Eltern vor der Taufe schriftlich eingereicht werden.

b) Von dem heiligen Abendmahle.

§. 96.

Das heilige Abendmahl wird nach der Einsetzung unseres Herrn Jesu Christi, wonach das Brod gebrochen, und bei Austheilung des Brodes [*und des Weines*] die Einsetzungs-Worte des Herrn gesprochen werden, an den dem öffentlichen Gottesdienste gewidmeten Orten, auf eine dem Zwecke desselben entsprechende Weise gefeiert.

§. 97.

Das heilige Abendmahl wird nach der Größe der Gemeinde, vier, acht, oder zwölf Mal im Jahre, in den vormittägigen gottesdienstlichen Versammlungen ausgetheilt, wenn nicht das Bedürfniß der Gemeinde eine öftere Austheilung nöthig oder wünschenswerth macht.

§. 98.

Wer das heilige Abendmahl in einer evangelischen Gemeinde, deren Mitglied er nicht ist, genießen will, muß ein Dimissorial von dem Pfarrer der Gemeinde, zu welcher er gehört, beibringen. Wird dieses Dimissorial verweigert, so entscheidet der Superintendent, und kann das Dimissorial, wenn er es nöthig findet, ausstellen.

§. 99.

Alle Confirmirte und von den Sacramenten nicht ausgeschlossene Glieder der Gemeinde dürfen an der Feier des heiligen Abendmahls Theil nehmen, jedoch mit Ausnahme derer, welche wegen ihres temporären Zustandes, z. B. Schwachsinnigkeit, den Zweck und die Bedeutung dieser heiligen Handlung nicht verstehen und sich selbst nicht prüfen können.

§. 100.

Einen oder mehrere Tage vor der Abendmahlsfeier, oder am Morgen derselben, soll eine Vorbereitung gehalten werden, in welcher sowohl der Zweck und die Bedeutung dieser Handlung auseinandergesetzt, als auch jeder auf seinen Gemüthszustand aufmerksam gemacht und zu einer würdigen Begehung der Feier aufgemuntert wird. Die an manchen Orten herrschende Sitte, daß das ganze Presbyterium bei der Vorbereitung gegenwärtig ist, soll beibehalten und auch bei den übrigen Gemeinden eingeführt werden, damit dem Prediger die Personen, welche einer besondern Vorbereitung bedürfen, bekannt werden.

§. 101.

Ein Taubstummer kann, wenn er übrigens die Erfordernisse eines würdigen Communicanten an sich trägt, zum Genuß des heiligen Abendmahls zugelassen werden.

§. 102.

Wenn Kranke ein Verlangen nach dem Genuß des heiligen Abendmahls äußern, so soll ihnen derselbe gewährt werden, jedoch muß der Pfarrer die unchristlichen Irrthümer, welche dem Verlangen zum Grunde liegen möchten, zu entfernen bemüht sein.

3) Vom Religionsunterricht der Jugend und der Confirmation.

§. 103.

Den ersten Religions-Unterricht empfangen die Kinder in den Schulen. Der umfassendere Unterricht, den der

Pfarrer ertheilt, darf nicht später, als mit dem Eintritt in das 13te Lebensjahr beginnen. Zur Aufnahme eines Kindes in den Religions-Unterricht des Pfarrers wird erfordert, daß es lesen könne. Durch die Aufnahme selbst wird es indeß der Schulpflichtigkeit nicht entbunden, und bleibt dem Pfarrer überlassen, zu beurtheilen, ob ihm ein fernerer Schulunterricht noch nöthig sei.

§. 104.

Der Religions-Unterricht muß wenigstens zweimal in der Woche ertheilt werden.

§. 105 und Zusatz 34.

Wo mehr als 50 Kinder im Christenthume von demselben Prediger zu unterrichten sind, müssen dieselben in zwei oder mehrere Coetus getheilt werden, deren keiner über die Zahl 50 hinausreicht. In Nothfällen kann auch Z. 34.
die Ueberschreitung dieser Zahl für einen Coetus gestattet werden.

§. 106.

Die Bibel ist das Hauptbuch beim Religions-Unterricht. Es darf weder ein Lehrbuch, noch ein Katechismus als Leitfaden des Unterrichts, ohne Genehmigung der Provinzial-Synode und des Consistorii der Provinz gebraucht werden.

§. 107 und Zusatz 35.

Vor zurückgelegtem 14ten Jahre soll kein Kind zur Confirmation zugelassen werden. Wenn ein Kind in diesem Alter confirmirt wird, so muß es den Unterricht wenigstens 2 Jahre ununterbrochen genossen haben. Wo herkömm- Z. 35.
lich ein höheres Alter zur Confirmation erfordert wird, da soll dies aufrecht erhalten werden.

§. 108.

Der besondere Confirmanden-Unterricht wird in den

letzten 4 Monaten vor der Confirmation wöchentlich wenigstens in 4 Stunden ertheilt.

§. 109.

Jedes Kind wird in derjenigen Gemeinde im Christenthum unterrichtet und confirmirt, welcher die Eltern angehören. Ausnahmen hiervon können nur Statt haben, auf Dispensation des Pfarrers, dem die Confirmation zusteht, welcher aber die Dispensation nicht verweigern kann, wenn das Kind in einer andern Gemeinde erzogen wird. Sind die Eltern nicht mehr am Leben, so wird es da unterrichtet und confirmirt, wo es untergebracht ist.

§. 110.

Vor der Confirmation selbst muß durch den Pfarrer eine Prüfung der Confirmanden in Gegenwart des Kirchenvorstandes gehalten werden. Nach geendigter Prüfung bestimmt der Kirchenvorstand nach der absoluten Mehrheit der Stimmen, ob der Geprüfte würdig sei, aufgenommen zu werden.

Von dem Beschlusse der Abweisung kann von demjenigen, der denselben für unbegründet hält, an den Superintendenten appellirt werden, welcher nach vorhergegangener Prüfung des Abgewiesenen den Beschluß bestätigt oder verwirft.

Wo es gewünscht oder erbaulich gefunden wird, kann die Prüfung auch vor der Gemeinde geschehen.

§. 111.

Die Confirmation geschieht in der Kirche vor der versammelten Gemeinde. Zu einer Confirmation in einem Privathause bedarf es der Erlaubniß des Superintendenten, welcher dieselbe nur in dringenden Fällen ertheilen wird, und ist bei solcher Confirmation auch die Gegenwart des Presbyterii nothwendig.

4) Von der Ordination.

§. 112.

Es dürfen nur solche durch die Ordination zum Predigtamte eingeweiht werden, welche auf die in dieser Kirchenordnung [§. 53...65] näher bestimmte Weise zu demselben erwählt und berufen sind.

Ausnahmen können nur dann Statt finden, wenn in dringenden Fällen, auf den Antrag des General-Superintendenten, die landesherrliche Geistliche Behörde [*der Oberkirchenrath*[39]] die Erlaubniß ertheilt.

§. 113.

Die Ordination zum Predigt-Amte geschieht in einer öffentlichen gottesdienstlichen Versammlung, unter Mitwirkung der Moderatoren der Kreis-Synode, von dem Superintendenten, an einem von diesem bestimmten Tage, vor der Gemeinde des Ordinanden.

5) Von der Einsegnung der Ehe[40].

§. 114 und Zusatz 36.

Die Ehe, als eine christliche, von Gott geheiligte Verbindung, wird von der Kirche eingesegnet nach den von derselben festgesetzten Bestimmungen.

1) Die kirchliche Einsegnung der Ehe findet nur Statt bei Ehen, welche nach den Landesgesetzen erlaubt sind. Sie muss vor mindestens zwei Zeugen geschehen. Z. 36.
2) Der Ehe-Einsegnung geht die dreimalige Proclamation nach den darüber bestehenden gesetzlichen Bestimmungen vorher.

---

[39]) Actenstücke des O. K. R. Bd. II S. 135.

[40]) Vgl. Reichsgesetz über die Beurkundung des Personenstandes und der Eheschliefsung v. 6. Februar 1875 und O.K.R. v. 12. April 1875.

3) Welchem Pfarrer die Trauung gebühre, ist nach den darüber bestehenden allgemeinen Vorschriften zu beurtheilen.

4) Die Verlobten, welche die kirchliche Einsegnung von einem andern Pfarrer, als dem berechtigten zu empfangen wünschen, werden durch ein Dimissorial ihres Pfarrers dazu autorisirt.

6) Von den Beerdigungs-Feierlichkeiten.

§. 115.

Die nächsten Angehörigen des Verstorbenen sind verbunden, längstens innerhalb 24 Stunden nach dem Absterben desselben, den Todesfall, auch wie sie die Beerdigung zu veranstalten gesonnen sind, dem Prediger anzuzeigen[41].

7) Von der Sonn- und Festtags-Feier.

§. 116.

Das Presbyterium sorgt dafür, daß alles entfernt werde, was die Ruhe der heiligen Tage stören, die Theilnahme am öffentlichen Gottesdienste hindern und einer gesegneten Feier in den Weg treten könnte. Es wacht insbesondere über die Befolgung der die Sonn- und Festtags-Feier betreffenden obrigkeitlichen Verordnungen.

Siebenter Abschnitt.

Von der Schulaufsicht.

§. 117.

Die Erziehung der Jugend zur christlichen Erkenntniß und Frömmigkeit in den Schulen steht unter der Aufsicht der Kirche, welche dieselbe über die Schulen der einzelnen

[41]) Reichsgesetz über die Beurkundung des Personenstandes v. 6. Febr. 1875. §. 60. Cons.-R. Münster 24. Mai 1875.

Gemeinden durch den Orts-Pfarrer [*und das Presbyterium*, §. 14, *l.*] und über die Gesammtheit der Schulen des Kreises durch den Superintendenten führt[42].

Achter Abschnitt.

Von der Kirchen-Disciplin[43].

§. 118.

Der Pfarrer hat das Recht und die Verpflichtung, nicht allein in seinen öffentlichen Vorträgen seine Gemeinde zu einem christlichen Leben zu ermahnen, und vor herrschenden Lastern und unchristlichen Grundsätzen zu warnen, sondern auch die specielle Seelsorge zu üben, und jedes einzelne Gemeinde-Glied zu bitten, zu ermahnen, zu warnen und zu trösten.

§. 119.

Auch die Aeltesten haben das Recht und die Verpflichtung, durch Bitte und Ermahnung christliche Ordnung und einen frommen Wandel der Gemeinde-Glieder zu fördern.

§. 120.

In Betreff der Ausübung der Kirchenzucht behält es bei den bestätigten Beschlüssen 206—207 der vierten Westfälischen Provinzial-Synode[44] und der

---

[42]) Vgl. Gesetz betreffend die Beaufsichtigung des Unterrichts- und Erziehungswesens v. 11. März 1872. O.K.R. v. 19. April u. 16. Decbr. 1872. Con.-R. Münster v. 28. März 1872. Cons.-R. Coblenz v. 4. Mai 1874. Synod. rhen. XV §. 69 und O.K.R. v. 22. Septbr. 1875. Synod. rhen. XV §. 57 u. C.M.R. v. 16. Juni 1876. O.K.R. v. 7. Juli 1877. K. G. u. V. B. No. 9.

[43]) Gesetz über die Grenzen des Rechts zum Gebrauche kirchlicher Straf- und Zuchtmittel v. 13. Mai 1873 und O. K. R. v. 30. Juni 1873.

[44]) A. K. O. vom 20. Aug. 1847, s. Hagens S. 86.

dritten Rheinischen Provinzial-Synode §. 51[45] sein Bewenden.

§. 121.

Ueber die Prediger und Kirchen-Vorstände führt der Superintendent die Aufsicht und ist verpflichtet, Jeden, wo er es nöthig findet, mündlich oder schriftlich zu ermahnen und zu warnen.

§. 122.

Bei solchen Vergehungen, die noch keinen Antrag auf Suspension oder Amts-Entsetzung begründen, wird ein Verweis ertheilt, was nur in Folge eines Urtheils der Moderatoren der Kreis-Synode geschehen kann.

---

[45]) A. K. O. 21. Juni 1844. Der Beschluss lautete:

1) „Dass anstöfsig und lasterhaft wandelnde Glieder der Gemeinde, nachdem sie durch die Seelsorge nicht haben zur Besserung gebracht werden können, so wie solche, die den christlichen Glauben ausdrücklich verwerfen und verspotten, als welche der christlichen Gemeine ein Aergerniss geben, vom Presbyterium oder vom Pfarrer im Namen des Presbyteriums, ernstlich und freundlich vermahnt werden sollen;

2) dass solche, die unerachtet der erfolgten Vermahnungen, einen notorisch lasterhaften und ärgerlichen Lebenswandel, oder den vorher bezeichneten Ausdruck ihres entschiedenen Unglaubens, fortsetzen, und dadurch fortwährend das christliche Gemeingefühl, so wie die Ehre der christlichen Gemeinschaft verletzen, durch das Presbyterium für so lange vom Genusse des h. Abendmahls und dem Rechte Taufpathen zu sein, suspendirt werden sollen, bis sie Versprechen eines zu bessernden und Probe eines gebesserten Lebenswandels abgelegt haben. Der Rekurs an das Kreis-Synodalmoderamen bleibt dem Suspendirten offen."

Vgl. Gesetz über die Grenzen des Rechtes zum Gebrauche kirchlicher Straf- und Zuchtmittel v. 13. Mai 1873.

§. 123.

Der Verweis wird von dem Superintendenten vor dem versammelten Moderamen, oder vor dem versammelten Kirchenvorstand, nach näherer Bestimmung des Urtheils, ertheilt.

§. 124.

Dieser Verweis wird, wenn er unwirksam war, nach einiger Zeit wiederholt, und zwar in Folge eines Urtheils, welches das Moderamen der Kreis-Synode spricht.

§. 125.

Ist auch dieser Verweis ohne Erfolg, so muß der Superintendent dem Consistorio den Fall zur Verfügung anzeigen.

§. 126 und Zusatz 37.

Bei Vergehungen, die einen Antrag auf Amts-Entsetzung, Suspension oder Dienstentlassung mit Ruhe- Z. 37.
gehalt begründen, macht das Directorium [*Moderamen*] der Kreis-Synode den Antrag an das Königliche Consistorium. Das Consistorium ist berechtigt und verpflichtet, ex officio einzuschreiten, ohne den Antrag des Directoriums der Kreis-Synode abzuwarten[46].

§. 127.

Wegen Nachlässigkeit im Amte, oder kirchenordnungswidriger Verrichtung der Amtsgeschäfte, sowie auch wegen des Nichterscheinens im Presbyterio, dem Collegio der Gemeinde-Repräsentanten, so wie in Kreis- und Provinzial-Synodal-Versammlungen, werden die Pfarrer und die Mitglieder der Presbyterien und der größern Gemeinde-Repräsentation mit angemessener Ordnungsstrafe belegt.

§. 128 und Zusatz 38.

Diese Ordnungsstrafen werden auf den Antrag des

---

[46]) **Vgl. General-Synodal-Ordnung §. 7 No. 6 und Anhang VII.**

Z. 38. Superintendenten von der Kreis-Synode bestimmt. Der Superintendent hat das Recht, die von der Synode bestimmten[47] Ordnungsstrafen, in Gemäſsheit des von der Provinzial-Synode dafür aufgestellten und bestätigten Reglements[48], festzusetzen und einzuziehen.

---

[47]) Den Ursprung der hierin und sonst im §. 128 herrschenden Verwirrung hat der O.K.R. in einem Rescript vom 20. Juli 1857 an das Consistorium zu Coblenz erörtert.

[48]) Westfälisches Reglement: C. M. R. 17. April 1855 (Vogt II, 225. Hagens S. 155. 156). Rheinisches Reglement: C.M.R. 30. Juni 1857, dahin lautend:

„I. Vorbehaltlich der den Kreis-Synoden und dem Königlichen Consistorium nach §. 121...126 der Kirchen-Ordnung zustehenden Disciplinarbefugnisse sind die Superintendenten ermächtigt, gegen Pfarrer, Presbyter und Repräsentanten in nachstehenden Fällen folgende Ordnungsstrafen festzusetzen:

1) Jeder Presbyter oder Repräsentant, der in einer Sitzung, wozu er ordnungsmäſsig eingeladen worden, ohne genügende Entschuldigung fehlt, zu spät kommt oder die Versammlung vor dem Schlusse ohne Erlaubniss verlässt, bezahlt 2½—20 Sgr.; der Präses Presbyterii hat in solchen Fällen die doppelte Ordnungsstrafe zu erlegen.

2) Wer ohne genügende Entschuldigung bei der Kreis-Synodal-Versammlung fehlt, bezahlt 3...6 Thlr.; wer ohne genügende Entschuldigung zu spät kommt oder ohne Beurlaubung die Sitzung verlässt, 10 Sgr. bis 1 Thlr.

3) Ein Pfarrer, der bei einer Vacanz die Turnus-Predigt ohne genügende Entschuldigung und hinreichende Vertretung versäumt, bezahlt 5 Thlr.

4) Falls der Pfarrer den zur Erledigung amtlicher Schreiben gesetzten Termin nicht innehält, bezahlt er nach zweimaliger Mahnung, in deren letzterer die Ordnungsstrafe angekündigt sein muss, für jeden folgenden Mahnbrief 1 Thlr.

5) Wird die Weiterbeförderung eines Circulares innerhalb

§. 129 und Zusatz 39.

Das Consistorium übt die Disciplin über alle Gemeindebeamten[49], insoweit das Moderamen der Kreis-Synode, [*oder der Superintendent, Zus. 38*] über dieselben die erste Instanz bildet, in zweiter; über die Beamten des Kreises aber (als Superintendenten, Moderamen der Kreis-Synode und die Kreis-Synodal-Versammlung selbst) in erster Instanz. Gegen die Gemeindebeamten kann es in erster Instanz nur auf Antrag des Moderamens der Kreis-Synode, oder wenn dieses seine Disciplinarbefugniss versäumt, ex officio einschreiten. Das Consistorium kann auf Verweis, Ordnungsstrafe bis zu 20 Thaler, Suspension mit Entziehung des halben Gehaltes, Dienstentlassung mit Pension und auf Amtsentsetzung erkennen. Der Rekurs von den Straferkenntnissen des Consistoriums, wenn solches in erster Instanz gesprochen, geht an Z. 39.

---

des festgesetzten Termins versäumt, so wird jeder Tag der Verspätung mit 1...2½ Sgr. bestraft.

II. Der Rekurs von den Festsetzungen des Superintendenten folgt dem regelmäfsigen Instanzenzuge [*an die kirchliche Aufsichtsbehörde*].

III. Die im Geschäftskreise des Presbyteriums und der Repräsentation verwirkten Ordnungsstrafen fliessen zu der kirchlichen Armenkasse, die Strafen im Geschäftskreise der Kreis-Synode zur Kreis-Synodal-Kasse.

IV. Der Antrag auf Einziehung einer vollstreckbar gewordenen Ordnungsstrafe ist erforderlichenfalls durch den Superintendenten an die betreffende Königliche Regierung zu richten." [vgl. Synod. rhen. IX §. 125. S. 230. 31. Consistorial-Erlass vom 27. Juli 1857.]

[49]) Vgl. Gesetz über die kirchliche Disciplinargewalt vom 12. Mai 1873 und O.K.R. v. 30. Juni 1873.

die obere Kirchenbehörde. Ueber Klagen gegen die Mitglieder der Directorien der Provinzial-Synoden entscheiden die betreffenden Staatsbehörden [*der evangelische Oberkirchenrath, A. K. O. 29. Juni 1850 §. 1. num. 1*].

Neunter Abschnitt.

Von den Gehältern und Remunerationen der verschiedenen Kirchen-Beamten.

§. 130.

Die Kirchen-Vorstände verrichten die ihnen obliegenden Geschäfte unentgeltlich; doch sollen ihnen die Auslagen, welche dieselben erfordern, von ihren Gemeinden erstattet werden.

§. 131 und Zusatz 40, 1. 2.

Jede Gemeinde ist verpflichtet, für eine freie Dienst-
Z. 40, 1. wohnung mit den nöthigen Wirthschaftsgebäuden und ein angemessenes Diensteinkommen ihres Pfarrers zu sorgen; und, bei Unzulänglichkeit der fundirten Pfarr-Einkünfte und der Stolgebühren, aus Kirchenmitteln das Fehlende zu ergänzen. In Ermangelung disponibeler Kirchenmittel ist da, wo die Gesetze die Communen zur Aushülfe verpflichten, der Communalfonds in Anspruch zu nehmen. Wenn aber auf diese Weise das Erforderliche nicht herbeigeschafft werden kann, so ist von der Pfarrgemeinde, durch Beiträge der
Z. 40, 2. Pfarrgenossen nach dem Fuſse der directen Staats- oder Communalsteuern, die Aufbringung des Ergänzungsgehaltes zu bewirken.

§. 132.

Wenn der Prediger es verlangt, so sollen die Kirchen-Vorstände die Erhebung seiner Gehalts-Einkünfte besorgen und dieselben an den Verfall-Tagen dem Prediger abliefern.

§. 133.

Die Moderatoren der Kreis- und Provinzial-Synoden

erhalten für die Auslagen und Reisekosten, welche durch Wahlen, Ordinationen, Introductionen, Kirchen-Visitationen verursacht werden, von den betreffenden Gemeinden eine Entschädigung, welche von der Provinzial-Synode festzustellen ist[50].

§. 134 und Zusatz 41.

Die Reisekosten der Deputirten zur Kreis-Synode Z. 41. werden aus der [*Kreis*]-Synodal-Kasse, die der Deputirten zur Provinzial-Synode aus der Provinzial-Synodal-Kasse; die Tagegelder dagegen im ersten Falle von den Gemeinden, im andern von den Kreis-Synoden gezahlt. Die Entschädigung des Präses und Assessors der Provinzial-Synode [*so wie des Facultätsmitgliedes*[51]] leistet die Provinzial-Synodal-Kasse. Diese Entschädigungen werden für jeden in einer feststehenden Summe ein- für allemal von der Provinzial-Synode normirt.

§. 135.

Die Provinzial-Synodal-Kosten werden von der Provinzial-Synode auf die zu ihr gehörigen Kreis-Synoden, nach den durch die Matrikel bestimmten Sätzen repartirt, worauf die Kreis-Synode den auf sie gefallenen Antheil auf die Gemeinden vertheilt. Fehlt in der Matrikel eine solche Bestimmung, so ist dieselbe durch Beschluß der Provinzial-Synode zu ergänzen.

§. 136.

Die Candidaten erlegen bei ihrer jedesmaligen Prüfung die Summe von 10 Rthlr. in die Provinzial-Synodal-Kasse, aus welcher die Mitglieder der Prüfungs-Commission für

---

[50]) Ueber die fixirten Remunerationen aus dem Rheinischen Superintendenturfonds: A.K.O. 19. Dec. 1855. Syn. rhen. IX, 32. 33.

[51]) Nach der Praxis, und übereinstimmend mit Syn. rhen. VI §. 51. Syn. westf. VII. Beschluss 261.

Reise- und Zehrungs-Kosten an dem Orte der Prüfung schadlos gehalten werden.

§. 137.

Es wird jährlich eine Kirchen- und Haus-Collekte zur Unterstützung dürftiger Gemeinden der Provinz gehalten werden.

Eine Commission der Provinzial-Synode vertheilt den Betrag der Collekten und legt davon Rechnung ab, so oft sich die Provinzial-Synode versammelt.

Zehnter Abschnitt.

Von den untern Kirchen-Beamten.

§. 138 und Zusatz 42.

Zu den untern Kirchen-Beamten werden gerechnet:
Z. 42. Küster und ihre Gehülfen, Vorsänger und Organisten; auch wo es herkömmlich ist die Todtengräber.

§. 139 und Zusatz 43.

Den Küstern und ihren Gehülfen, wo deren vorhanden sind, liegt es ob, die Kirche auf- und zuzuschließen, für die Reinlichkeit in derselben und das Geläute zu sorgen, den Prediger zu denjenigen Amtshandlungen, zu denen ihr Dienst erforderlich ist, zu begleiten, und das dabei Nöthige zur
Z. 43. Stelle zu schaffen, den Kirchen-Vorstand und die Gemeindevertretung auf Verordnung des Predigers zu berufen und Amtsbriefe zu befördern, auch bei Versammlungen der Presbyterien [*der stimmfähigen Gemeindeglieder*] und Gemeindevertretungen die nöthigen Dienstleistungen zu besorgen.

§. 140.

Die Wahl der untern Kirchen-Beamten geschieht, wo dieselbe nicht durch Patronat-Rechte beschränkt ist, vom Presbyterio aus drei Subjecten, welche der Prediger in Vorschlag bringt. Die Wahl unterliegt der Bestätigung des Superintendenten.

§. 141.

Die untern Kirchenbedienten werden von der Gemeinde, bei welcher sie angestellt sind, besoldet.

§. 142 und Zusatz 44, 1. 2.

Sie behalten ihren Dienst lebenslänglich und können im Wege der kirchlichen Disciplin nur durch ein Urtheil der Moderatoren der Kreis-Synode, welches zufolge einer Klage des Kirchen-Vorstandes und einer vom Superintendenten angestellten Untersuchung gesprochen wird, nach erfolgter Genehmigung des Consistoriums, von welchem die Z. 44, 1.
obere Disciplin über die unteren Kirchenbeamten geübt wird, abgesetzt werden. Das Consistorium ist auch Z. 44, 2.
von Amtswegen berechtigt dem Superintendenten die Einleitung einer Untersuchung gegen einen untern Kirchen-Beamten aufzugeben.

§. 143.

Die untern Kirchen-Beamten sollen nach einer besondern, von der Provinzial-Synode abgefaßten und von der [*Kirchen-*]Regierung bestätigten Dienst-Instruction[52] verpflichtet werden.

Eilfter Abschnitt.

Von der Kirchen-Visitation.

§. 144 und Zusatz 45.

Die [*ordentliche*][53] Kirchen-Visitation wird von dem Superintendenten gehalten, und dies in den betreffenden

---

[52]) Westfälische Instruction vom 7. Mai 1838, bestätigt 25. Juni 1842; rheinische Syn. rhen. IV §. 58, bestätigt und modificirt durch C.M.R. 1. März 1847.

[53]) Ueber ausserordentliche General-Kirchen- und Schul-

Gemeinden, den Sonntag vorher, von der Kanzel bekannt gemacht. Zu dieser Handlung versammelt sich das Presbyterium mit dem Prediger, oder den Predigern, und der Superintendent eröffnet sie mit Gebet und einer kurzen an-
Z. 45. gemessenen Anrede. **Nach Beschluss der Kreis-Synode kann die Visitation auch vor versammelter Gemeinde und mit einem Gottesdienste eröffnet werden.**

§. 145 und Zusatz 46.

Die Gegenstände, auf welche der Superintendent seine Aufmerksamkeit zu richten hat, sind folgende:

1) Lehre und Betragen des Pfarrers und Zustand des Presbyteriums. Der Prediger tritt ab und der Superintendent befragt das Presbyterium, ob es etwas gegen denselben vorzubringen habe. Dasselbe geschieht darauf in Ansehung des Presbyteriums. Nun werden die Glieder der Gemeinde, welche sich mit Anliegen und Beschwerden eingefunden, und nach vorheriger Anzeige an das Presbyterium, keine Remedur gefunden haben, vorgelassen und gehört.

   Der Superintendent versucht bei Mißhelligkeiten Ausgleichung, ertheilt freundliche Erinnerungen, und behält für solche Fälle, welche sich nicht von ihm schlichten lassen, die höhere Entscheidung vor.

2) Zustand der inneren Angelegenheiten der Gemeinde, würdige Feier der Sonn- und Festtage, Besuch des öffentlichen Gottesdienstes, Theilnahme an den Sacramenten, Confirmanden-Unterricht, Uebung der Kirchen-
Z. 46. disciplin, **Theilnahme der Gemeinde an der äusseren und inneren Mission,** herrschende Sünden

---

visitationen: Syn. westf. VII. Beschl. 191. 195...208. O. K. R. 17. Aug. 1854. Syn. rhen. VIII §. 144. Rhein. Visitationsordnung v. 28. Febr. 1855: Syn. rhen. IX §. 97. 99. 100.

und Laster, eingerissene Mißbräuche u. s. w., Berathung, wie ihnen abzuhelfen und Einhalt zu thun.

3) Aeußerer Bestand der Gemeinde, Aufsicht über die Verwaltung des Kirchen- und Armen-Vermögens, je nachdem er verfassungsmäßig einzuwirken hat. Vorlegung der Inventarien und Lagerbücher, Kirchenrechnungen, Besichtigung, wenn es erforderlich ist, der Schulen in Ansehung des Bestandes und der Utensilien, Inspektion der Schule nach den darüber bestehenden Vorschriften, Nachfrage über Verwaltung der etwaigen Orts-Wittwen-Kassen und besonderer Stiftungen, worüber die Rechnungen vorzulegen sind, Einsicht der kirchlichen Register, der Tauf- und Copulations-, und Begräbniß-, wie auch der Confirmanden- und Communicanten-Register, welche allgemein einzuführen sind, der Protokollbücher des Kirchenraths, der Abschriften [*oder Abdrücke*] von den Verhandlungen der Kreis- und Provinzial-Synode und der Verordnungen der Behörden.

§. 146.

Nach gehaltener Visitation trägt der Superintendent über den Zustand der Gemeinde und ihre kirchlichen Verhältnisse den Befund ins Presbyterial-Protokoll ein, welches von den anwesenden Predigern und Presbyterial-Gliedern unterzeichnet wird.

Den allgemeinen Visitationsbericht hat der Superintendent sowohl der Kreis-Synode vorzulegen, als durch den General-Superintendenten dem Consistorio einzusenden.

Zwölfter Abschnitt.

Von dem Kirchen-Vermögen und dessen Verwaltung.

§. 147.

Das Vermögen der Kirchengemeinde, es mag zu kirchlichen, Schul- oder Armen-Zwecken bestimmt sein, wird von dem Presbyterio, unter Aufsicht der [*Kreis-*]Synode [§. 37], in der bisherigen Weise verwaltet, bis, zur Beseitigung der vorhandenen Verschiedenheit der darin bestehenden Vorschriften und Observanzen, die Provinzial-Synode eine Verwaltungs-Ordnung entworfen, und dieselbe die Genehmigung der, die Oberaufsicht auf die äußern Kirchen-Angelegenheiten führenden, höchsten Staatsbehörde erhalten hat[54].

Dreizehnter Abschnitt.

Von der Staats-Aufsicht über das Kirchenwesen.

§. 148 und Zusatz 47.

Die Aufsichtsbehörden über das Kirchenwesen sind: das Ministerium der geistlichen Angelegenheiten, [*der evangelische Oberkirchenrath*], das Provinzial-Consistorium
Z. 47. und die Regierungen[55]. Ueber die Ressortverhältnisse der

---

[54]) Für Westfalen, bestätigt 7. Mai 1838: s. Hagens Anlage X S. 157...192.

[55]) Vgl. Gesetz betreffend die evangelische Kirchenverfassung in den acht älteren Provinzen v. 3. Juni 1876. Anhang VI. Allerhöchste Verordnung betreffend den Uebergang der Verwaltung der Angelegenheiten der evangelischen Landeskirche auf den evangelischen Ober-Kirchenrath und die Consistorien der acht älteren Provinzen v. 5. Septbr. 1877. C.M.R. v. 10. u. 29. September 1877. O.K.R. v. 21. September 1877. K.G. u. V.B. 1876/77 No. 10.

mit der Ausübung des landesherrlichen Kirchenregiments beauftragten evangelischen Kirchenbehörden und der Staatsbehörden in evangelischen Kirchensachen entscheiden die darüber ergangenen und künftig ergehenden landesherrlichen Verordnungen[56]. Neben dem Consistorio und den Regierungen beaufsichtigt in jeder Provinz ein vom Landesherrn ernannter Geistlicher, welcher dirigirendes Mitglied des Provinzial-Consistoriums ist, unter dem Titel: General-Superintendent, nach den ihm von dem Ministerio der Geistlichen Angelegenheiten ertheilten Instructionen[57], die Superintendentur-Sprengel der Provinz.

Der Generalsuperintendent, oder ein anderer an dessen Stelle ernannter Königlicher Commissarius evangelischen Bekenntnisses, wohnt, als Vertreter des landesherrlichen Kirchenregiments, den jedesmaligen Verhandlungen der Provinzial-Synode bei, in welchem er die Rechte des Staats wahrzunehmen, das Wort jederzeit zu ergreifen und Anträge an die Synode zu machen befugt ist.

---

[56]) Vgl. Verordnung über die Ausübung der Rechte des Staates gegenüber der evang. Landeskirche der acht älteren Provinzen v. 9. Septbr. 1876. Anhang VIII.

[57]) Die allgemeine Instruction der Generalsuperintendenten vom 14. Mai 1829 ist durch C.M.R. vom 31. Mai 1836 für Westfalen und die Rheinprovinz wesentlich modificirt, in dieser Gestalt aber nicht amtlich veröffentlicht worden. Eine wörtliche Angabe der Abweichungen findet sich nur bei Hermens III, 590...693, ein verstümmelter Abdruck bei Bramesfeld 125....129.

Anhänge.

I. Zu §. 21 ff.

Regulativ des Consistoriums zu Coblenz über das Verfahren bei Repräsentantenwahlen, vom 21. November 1864.

Unter Bezugnahme auf die §§. 103 und 105 der Verhandlungen der XI. Rheinischen Provinzial-Synode und mit Genehmigung des Evangelischen Ober-Kirchenrathes wird über das Verfahren bei Repräsentanten-Wahlen hiermit Folgendes festgesetzt:

§. 1. Die kirchenordnungsmäßig alle 2 Jahre stattfindende Erneuerungswahl der größeren Gemeinde-Vertretung (Repräsentation) ist überall in der auf den letzten Trinitatis-Sonntag*) folgenden Woche abzuhalten. Ist aus besonderen Gründen die Vornahme der Wahl während dieses Zeitraumes nicht angänglich, so muß dieselbe in der auf den vorletzten Trinitatis-Sonntag folgenden Woche stattfinden.

§. 2. Die Einladung zur Wahl erfolgt durch eine Bekanntmachung des Presbyteriums, welche an den beiden letzten Sonntagen vor dem Wahltermine beim Hauptgottesdienste von der Kanzel zu verlesen ist. In Filialkirchen, in welchen nur alle 14 Tage Gottesdienst zu halten ist, muß diese Bekanntmachung wenigstens an einem Sonntage vor dem Wahltermine geschehen, während dieselbe in Filialkirchen, in welchen in größeren Zwischenräumen Gottesdienst gehalten wird, in der Regel nicht erforderlich ist.

In der Bekanntmachung sind der Zweck der ausgeschriebenen Versammlung sowie Ort und Zeit derselben genau anzugeben und sind dazu alle stimmberechtigten Gemeindemitglieder einzuladen. Auch sind im Anschlusse hieran die §§. 21 und 22 der Kirchen-Ordnung nebst ihren Zusätzen jedesmal vorzulesen. Für diejenigen Gemeinden, in welchen wegen ihrer räumlichen Aus-

*) Vergl. Note 22 zu §. 28 und Cons. R. Coblenz vom 26. November 1877.

dehnung ein anderer Modus der Einladung erforderlich sein sollte, werden besondere Bestimmungen vorbehalten.

§. 3. Wenn die örtlichen Verhältnisse die Aufstellung und Offenlegung einer Wählerliste wünschenswerth machen, so ist hierüber in einer besondern, unsrer Genehmigung unterliegenden Wahl-Ordnung nach Maßgabe des Zusatzes 13, Nr. 3 zu §. 23 der Kirchen-Ordnung durch das Orts-Presbyterium Bestimmung zu treffen.

§. 4. Die Wahlverhandlung erfolgt unter der Leitung des Vorsitzenden des Presbyteriums und in Gegenwart der übrigen Mitglieder desselben, welche in der Wahlverhandlung zu erscheinen verpflichtet sind.

Der Vorsitzende eröffnet die Versammlung mit einer kurzen Ansprache und verliest nochmals die §§. 21 und 22 der Kirchenordnung nebst Zusätzen, sowie die §§. 4 bis 13 der vorliegenden Instruction.

§. 5. Demnächst werden die anwesenden Gemeindemitglieder aufgefordert, einzeln an den Wahltisch heranzutreten und dem Vorsitzenden oder dem ihm assistirenden Mitgliede des Presbyteriums ihre Wahlzettel und zwar ohne ihre Unterschrift, zusammengefaltet oder verschlossen, einzuhändigen.

Gedruckte d. h. alle durch eigentlichen Druck, Ueberdruck oder auf anderm mechanischem Wege vervielfältigte Stimmzettel sind unzulässig und ist nur die Abgabe geschriebener Stimmzettel gestattet.

Dieselben müssen so viel Namen von wählbaren Gemeindemitgliedern enthalten, als Repräsentanten zu wählen sind. Stimmzettel, welche mehr Namen enthalten, sind ungültig.

Nur die persönlich anwesenden Gemeindemitglieder sind zur Abgabe von Stimmzetteln berechtigt.

§. 6. Die anwesenden Gemeindemitglieder, welche Stimmzettel abgeben, werden der Reihe nach mit genauer Bezeichnung ihres Namens in eine, durch ein Mitglied des Presbyteriums zu führende Liste eingetragen und werden die abgegebenen Wahlzettel vorläufig in einer Urne oder einem andern geeigneten Gefäße gesammelt.

§. 7. Jedes wählende Gemeindemitglied hat die Verpflichtung, auf Erfordern seine Identität und Stimmberechtigung dem Vorsitzenden nachzuweisen. Wird die Legitimation eines Wählers bestritten, und tritt nicht derselbe freiwillig von der Wahl zurück, so wird sein Name nicht in die ad §. 6 gedachte, sondern in eine, für die beanstandeten Wähler bestimmte Nebenliste eingetragen; auch ist sein Stimmzettel auf der Außenseite mit seinem Namen zu bezeichnen und vorläufig in besondern Verwahr zu nehmen.

§. 8. Dem Schlusse der Stimmenabgabe muß eine zweimalige Aufforderung an alle diejenigen, welche noch nicht gestimmt haben, sich binnen einer angemessenen, vom Vorsitzenden zu bestimmenden Frist zur Stimmabgabe zu melden, vorausgehen.

Nach Ablauf dieser Frist wird die Abstimmung für beendigt erklärt und werden die Wählerlisten (§§. 6 und 7) geschlossen und vom Vorsitzenden vollzogen.

Nach dem Schlusse der Abstimmung können keine weiteren Stimmzettel angenommen werden.

Die Abstimmung kann jedoch erst geschlossen werden, wenn von demjenigen Zeitpunkt ab, auf welchen der Beginn der Wahlverhandlung festgesetzt worden war, mindestens eine Stunde verflossen ist.

§. 9. Demnächst treten die anwesenden Mitglieder des Presbyteriums erforderlichenfalls zu einer kurzen Berathung darüber zusammen, ob die beanstandeten Wähler (§. 7) und welche derselben zur Wahl zuzulassen seien oder nicht.

Das Resultat dieser Berathung ist in dem über die Wahlverhandlung zu führenden Protokolle in kurzen Worten niederzulegen und der Versammlung zu verkündigen.

Die Stimmzettel derjenigen Wähler, deren Stimmberechtigung nicht anerkannt worden ist, werden bei dem Scrutinium (§. 10) nicht berücksichtigt und bleibt es denselben überlassen, im ordnungsmäßigen Wege der Beschwerde oder des Einspruchs gegen die Wahl ihre Rechte geltend zu machen.

§. 10. Sodann wird zum Scrutinium geschritten. Der Vorsitzende öffnet die einzelnen Stimmzettel und verliest die darin enthaltenen Namen, welche Letztere von 2 Mitgliedern des Presbyteriums oder von 2 andern hierzu designirten Gemeindemitgliedern gesondert in Stimmlisten eingetragen werden und zwar derartig, daß so oft auf denselben Namen eine weitere Stimme fällt, demselben eine entsprechende höhere Ziffer zugeschrieben wird (z. B. N. 1, 2, 3, 4, 5 u. s. w.)

Stimmzettel, welche aus formellen Gründen für ungültig zu erachten sind, werden nicht berücksichtigt. Dieselben sind einzeln mit dem Worte „Ungültig“ zu bezeichnen und besonders aufzubewahren; auch ist die Anzahl der für ungültig erklärten Stimmzettel im Protokolle zu vermerken.

Ueber die formelle Ungültigkeit der Stimmzettel entscheiden in zweifelhaften Fällen die anwesenden Mitglieder des Presbyteriums.

§. 11. Nachdem die Stimmzettel verlesen und in die Stimmlisten eingetragen worden sind, werden die Letzteren mit einander verglichen und etwaige Verschiedenheiten derselben vermittelst einer Revision der Stimmzettel berichtigt.

Diejenigen Personen, welche die meisten Stimmen erhalten haben, und falls bei vorhandener Stimmengleichheit eine Entscheidung durch das Loos (§. 25 der Kirchen-Ordnung) erforderlich sein sollte, diejenigen, welche das Loos trifft, werden als die gewählten Repräsentanten der Versammlung bekannt gemacht und wird die Verhandlung demnächst geschlossen.

§. 12. Das über die Verhandlung geführte Protokoll wird von den anwesenden Mitgliedern des Presbyteriums vollzogen.

Die Stimmzettel und die Wähler- und Stimmlisten (§§. 6, 7 und 10) sind als Anlagen des Protokolles im Kirchen-Archiv bis zur nächsten Repräsentantenwahl aufzubewahren.

§. 13. Die gewählten Repräsentanten sind an den beiden Sonntagen, welche auf den Wahltermin folgen, von der Kanzel zu verkündigen und können Einsprüche gegen die Wahl — sowohl was die Legalität des Verfahrens, als auch die Qualification der Gewählten betrifft — nur bis zur vollzogenen zweiten Bekanntmachung angenommen werden.

Diese Einsprüche sind bei dem Presbyterium anzumelden, welches Letztere bezüglich seiner Verpflichtung, von Amtswegen die kirchliche Qualification der Gewählten zu prüfen, an unsere Circular-Verfügung vom 19. März 1857 (Nr. 958 c.) erinnert wird.

§. 14. Wenn das Presbyterium nach Zusatz 12 Nr. 3 zu §. 23 der Kirchen-Ordnung statt der Abstimmung durch verschlossene Stimmzettel die Wahl durch öffentliche Stimmgebung zu Protokoll anordnet, so ist dies bei der Einladung zum Wahltermin (§. 2) ausdrücklich bekannt zu machen.

Im Uebrigen sind auch in diesem Falle die vorstehenden Vorschriften maßgebend, sowohl was die allgemeine Wählerliste (§. 6) als auch die beiden Stimmlisten (§. 10) betrifft, in welche die mündlich abgegebenen Stimmen einzutragen sind. Wähler, deren Stimmberechtigung beanstandet wird, sind auch hier in eine besondere Nebenliste einzuschreiben unter Angabe derjenigen Namen, welchen sie ihre Stimme gegeben haben, damit nach dem Schlusse der Stimmgebung und der in §. 9 gedachten Berathung des Presbyteriums die beiden Stimmlisten (§. 10) erforderlichenfalles ergänzt werden können, auch die Möglichkeit bleibt, bei etwaigen Beschwerden und Einsprüchen gegen die Wahl zu beurtheilen, in wie weit die Zurückweisung einzelner Wähler auf das Resultat der Wahl von Einfluß gewesen ist.

§. 15. Die vorstehende Instruction findet gleichfalls Anwendung, wo es sich, wie bei neugebildeten oder bis auf eine Zahl von über 200 Seelen herangewachsenen Gemeinden um die Constituirung der Repräsentation handelt, soweit nicht §. 20 der Kirchen-Ordnung in dieser Beziehung ein Anderes anordnet.

§. 16. Alle früheren Verordnungen, welche den vorstehenden Bestimmungen widersprechen, insbesondere unsere Circular-Verfügung vom 22. Januar 1838 (Nr. 85) werden hierdurch aufgehoben.

Coblenz, den 21. November 1864.

C. N. 3187. Königliches Consistorium.

II. Reglement für den rheinischen Emeritenfonds, bestätigt durch A. K. O. vom 6. März 1865.

Mit den von der XVI. Rhein. Synode beschlossenen Aenderungen der §§. 3. 4. 5. 6. 10. 11.

Um den evangelischen Geistlichen der Rheinprovinz bei ihrem Rücktritte aus dem Dienste der Kirche die Gewährung eines angemessenen Zuschusses zu dem gesetzlichen Ruhegehalt zu vermitteln, wird auf den Antrag des Königlichen Provinzial-Consistoriums zu Coblenz und im Einverständniß mit dem Evangelischen Ober-Kirchenrath vom 1. Juli 1865 ab ein besonderer Fonds (mit dem Rechte einer juristischen Person zu Coblenz) unter nachstehenden Maßnahmen gebildet.

§. 1. Der gedachte Fonds hat den Zweck, sämmtlichen Geistlichen der in §. 2 bezeichneten Kategorie bei ihrer ehrenvollen Emeritirung, wenn sie nach tadelloser Amtsführung Alters-, Krankheits- oder Schwachheitshalber mit hinreichendem, von der Oberaufsichtsbehörde anerkanntem Grunde in den Ruhestand versetzt worden sind, einen lebenslänglich zu beziehenden Zuschuß zu dem ihnen gesetzlich aus dem Einkommen ihrer Pfarrstelle zustehenden Emeritengehalte zu gewähren.

In allen übrigen Fällen der Niederlegung des Amtes oder der Entziehung desselben tritt das Anrecht an den Unterstützungsfonds nicht ein, abgesehen davon, ob solche Geistliche die Hälfte oder einen sonstigen Theil von ihrem ehemaligen Pfarreinkommen behalten oder nicht.

§. 2. Zur Theilnahme an dem Unterstützungsfonds sind alle in der Rheinprovinz in der pfarramtlichen Seelsorge unwiderruflich, wenn auch als Pfarrverweser oder Gehülfen des eigentlichen Pfarrers zur Zeit angestellten ordinirten Geistlichen der evangelischen Landeskirche berechtigt, alle von jetzt ab anzustellenden ordinirten Geistlichen der gedachten Kategorie dagegen verpflichtet, beides jedoch nur, sofern mit ihrer geistlichen Stelle, sie mag ein Haupt- oder Nebenamt sein, ein festes Einkommen verknüpft ist und sie das Recht haben, bei ihrer Emeritirung einen Antheil von dem Einkommen ihrer Stelle zu erhalten.

Ist mit dem geistlichen Amte ein Schulamt verbunden, oder bekleidet ein Militärgeistlicher zugleich ein Civil-Pfarramt, so findet die Verpflichtung zum Beitritt eben so statt, wie in den Fällen, wo das geistliche Amt nicht mit einem Schulamte verbunden ist, und die laufenden Beiträge werden nach Maßgabe des Gesammteinkommens aus beiden combinirten Stellen entrichtet.

Diejenigen zum Beitritt berechtigten Geistlichen, welche später als 1 Jahr nach erlassener Aufforderung resp. nach Constituirung des Institutes demselben beitreten, haben sämmtliche Beiträge nebst acht Prozent Retardatzinsen nachzuzahlen und erwerben auch dadurch kein früheres Anrecht.

Nicht berechtigt und nicht verpflichtet zur Theilnahme an dem Fonds sind:

a) alle Pfarrgehülfen und Hülfsgeistlichen, welche nur widerruflich oder ohne festes Einkommen angestellt oder nicht ordinirt sind,

b) alle Divisions- und selbständige Garnisonsprediger, sofern dieselben nicht gleichzeitig ein Civil-Pfarramt bekleiden; desgleichen diejenigen Geistlichen in Gefangenen-, Kranken- und Strafanstalten ꝛc., welche nicht in den Organismus der Provinzialkirche aufgenommen sind.

§. 3. Der Betrag des von dem Unterstützungsfonds zu gewährenden Zuschusses ist für alle empfangsberechtigten Emeriten gleich. Er wird mit den im §. 4 et seq. enthaltenen Modalitäten vom 1. Januar 1878 ab auf jährlich 500 Mark festgestellt (cfr. §. 16).

§. 4. Die Bestimmungen des §. 4 des Reglements vom 1. März 1865 treten außer Anwendung und erhalten vom 1. Januar 1878 ab auch die vor vollendetem fünften Jahre nach Errichtung des Fonds emeritirten Geistlichen den vollen Zuschuß von 500 Mark.

§. 5. Sollten in einem Jahre mehr als 24 emeritirte Geistliche vorhanden sein, so behalten zwar die zuerst emeritirten 24 Geistlichen den vollen Zuschuß von jährlich 500 Mark, die zu dieser Zahl später hinzugekommenen haben aber hierauf keinen Anspruch, sondern nur auf einen solchen Zuschuß, welchen der Fonds nach dem Ermessen des Königlichen Consistoriums zu tragen vermögend ist. Sie rücken aber der Reihe nach, und zwar in der Zeitfolge ihrer Emeritirung in die vacant gewordenen Stellen ein und erhalten auch eine Entschädigung, wenn bei ihrem Leben die Zahl der vollen Zuschußzahlungen wieder unter 24 sinkt. Den Betrag dieser Entschädigungen bestimmt das Königliche Consistorium.

§. 6. Die Zahlung des Zuschusses erfolgt vierteljährlich pränumerando nach den Kalenderquartalen. Geschieht die Emeritirung im Laufe eines Quartals, so wird der Zuschuß vom Tage des Eintritts in den Ruhestand ab gewährt. Stirbt ein Emeritus während des Quartals, so verbleibt der bereits empfangene Betrag den Erben desselben.

§. 7. Der Verlust des Emeritengehaltes zieht den Verlust des Zuschusses nach sich. Sollte ein Emeritus in einem öffentlichen Amte wieder angestellt werden, so verbleibt ihm der Zuschuß nur insoweit, als das Einkommen der neuen Stelle mit dem Emeritengehalte und den Zuschüssen zusammengenommen sein früheres, bei der Emeritirung zum Grunde gelegtes Diensteinkommen nicht übersteigt.

§. 8. Wenn ein Emeritus seinen Aufenthaltsort im Auslande wählt, so muß die Genehmigung zur Verabfolgung des Zuschusses dorthin bei dem Königlichen Consistorium nachgesucht werden.

§. 9. Die Einnahmen des Fonds sind:

a) die Beiträge der Geistlichen;
b) die Zinsen aus dem Reservefonds, der aus den Ueberschüssen gebildet wird;
c) der Ertrag der von der Rheinischen Provinzial-Synode dem Fonds zugewendeten fortlaufenden Beisteuer, einschließlich des bisher daraus gebildeten Kapitals; ferner Erbschaften, Schenkungen, Vermächtnisse und sonstige Zuwendungen in den gesetzlichen Schranken;
d) Zuschüsse aus Staatsfonds, deren Zurückziehung bei fortfallendem Bedürfniß vorbehalten ist.

§. 10. Die laufenden jährlichen Beiträge bestehen in einem Procent des Diensteinkommens.

Zum Diensteinkommen werden in dieser Beziehung außer dem eigentlichen Stelleneinkommen auch die persönlichen, dauernd oder auf mehrere Jahre bewilligten Zulagen gerechnet, dagegen bleiben Remunerationen für nicht dauernd übertragene Nebenämter außer Ansatz. Ist eine Amtswohnung nicht vorhanden und wird auch eine Miethsentschädigung nicht gewährt, so werden 15 Procent des Einkommens als Wohnungs-Aequivalent angesehen und uneingeschätzt gelassen.

Beträge des Diensteinkommens unter 100 Mk. werden nicht gerechnet. Demnach ist z. B. der Beitrag von einem Diensteinkommen von 2000 bis incl. 2099 Mk. 99 Pf. = 20 Mk., von 2100 bis incl. 2199 Mk. 99 Pf. = 21 Mk.

Die laufenden Beiträge werden vierteljährlich pränumerando am 2. Januar, 1. April, 1. Juli und 1. October gezahlt. Die Festsetzung des Betrages erfolgt durch das Königliche Consistorium.

§. 11. Die Beiträge werden bei Pfarrvacanzen ohne ein Gnadenjahr nach dem Stelleneinkommen berechnet und aus den Revenüen der Pfarre fortgezahlt, fallen aber bei Vacanzen mit einem Gnadenjahre weg. Desgleichen zahlt sie der Substitut oder Adjunct von seinem Diensteinkommen, insofern derselbe überhaupt berechtigt und verpflichtet ist, dem Emeritenfonds beizutreten.

Beiträge der Emeriten von ihrem Emeritengehalte werden vom 1. Januar 1878 ab nicht mehr erhoben.

§. 12. Geistliche, welche nach §. 1 ihres Amtes entlassen werden (Strafemeritirung), oder, ohne ehrenvoll emeritirt zu werden, ihr Amt aufgeben, können die Erstattung ihrer bis dahin geleisteten Beiträge nicht fordern.

§. 13. Eine Nachzahlung von Beiträgen von früher in anderen Provinzen und Verhältnissen (§. 2) angestellten Geistlichen, welche durch ihre neue Anstellung zum Unterstützungs-Fonds berechtigt und verpflichtet werden, findet nicht statt.

§. 14. Das Königliche Consistorium der Provinz führt die Direction und Verwaltung des Fonds und vertritt die Anstalt nach Außen, namentlich bei dem Erwerbe, der Verwaltung und Veräußerung von Grundstücken. Dasselbe ist aber verpflichtet, in jeder Versammlung der Provinzialsynode von dem Stande des Instituts eine vollständige Uebersicht zu geben.

§. 15. Gegen die Verfügungen des Königlichen Consistoriums steht den Betheiligten die Beschwerde bei dem unterzeichneten Minister der geistlichen, Unterrichts- und Medicinal-Angelegenheiten offen.

§. 16. Der Direction des Fonds bleibt vorbehalten, die Rechnungsunterlagen des gegenwärtigen Reglements von Zeit zu Zeit einer Prüfung von Sachverständigen zu unterwerfen und nach deren Ergebniß bei allen demnächst eintretenden Emeritirungen den Betrag des zu gewährenden Pensionszuschusses insoweit zu ermäßigen oder zu erhöhen, als es nach dem Urtheile der Sachverständigen zur Erhaltung der Leistungsfähigkeit des Fonds erforderlich resp. zulässig ist.

§. 17. Abänderungen dieses Statutes bedürfen der Zustimmung der Provinzialsynode.

III. Reglement für den westfälischen Emeritenfonds, bestätigt durch A.K.O. vom 8. Juli 1865.

Um den evangelischen Geistlichen der Provinz Westfalen bei ihrem Rücktritte aus dem Dienste der Kirche die Gewährung eines angemessenen Zuschusses zu dem gesetzlichen Ruhegehalt zu vermitteln, wird nach vorgängiger Verhandlung mit der Westfälischen Provinzialsynode, auf den Antrag des Consistoriums zu Münster und im Einverständnisse mit dem Evangelischen Ober-Kirchenrath vom 1. Oktober 1865 ab ein besonderer Fonds unter nachstehenden Maßnahmen gebildet.

§. 1. Der Fonds hat den Zweck, sämmtlichen Geistlichen der im §. 2 bezeichneten Kategorie bei ehrenvoller Emeritirung, wenn sie nach tadelloser Amtsführung Alters-, Krankheits- oder Schwachheitshalber mit hinreichendem, von der Ober-Aufsichtsbehörde anerkanntem Grunde in den Ruhestand versetzt worden sind, einen lebenslänglich zu beziehenden Zuschuß zu dem ihnen gesetzlich aus dem Einkommen ihrer Pfarrstelle zustehenden Emeritengehalt zu gewähren.

Wird ein Geistlicher nur theilweise emeritirt, und ihm ein Substitut oder Adjunct mit dem Rechte der Nachfolge beigeordnet, so kann, namentlich wenn er einem solchen wenigstens die Hälfte seines Diensteinkommens abzugeben hat, durch Beschluß des Königlichen Consistoriums ihm der völlige oder theilweise Genuß des Emeritenzuschusses aus dem Fonds gleichermaßen bewilligt werden.

In allen übrigen Fällen der Niederlegung des Amtes oder der Entziehung desselben tritt das Anrecht an den Unterstützungsfonds nicht ein, ohne Unterschied, ob solche Geistliche die Hälfte oder einen sonstigen Theil von ihrem ehemaligen Pfarreinkommen behalten oder nicht.

§. 2. Zur Theilnahme an dem Unterstützungsfonds sind alle diejenigen ordinirten Geistlichen der evangelischen Landeskirche verpflichtet, welche nach Publication dieses Reglements innerhalb der Provinz Westfalen in der pfarramtlichen Seelsorge unwiderruflich, wenn auch als Pfarrverweser oder als Gehülfen der Pfarrer angestellt werden, sofern mit ihrer geistlichen Stelle, sie mag ein Haupt- oder Nebenamt sein, ein festes Einkommen verknüpft ist, und sie das Recht haben, bei ihrer Emeritirung einen Antheil von dem Einkommen ihrer Stelle zu erheben; desgleichen diejenigen, welche durch Versetzung innerhalb der Provinz oder aus anderen Provinzen in eine solche Stelle neu eintreten; endlich alle schon früher angestellten Geistlichen derselben Kategorie, welchen bei ihrer Anstellung die Verpflichtung zum Beitritte zu dem Emeriten-Unterstützungsfonds vocationsmäßig auferlegt worden ist.

Berechtigt, jedoch nicht verpflichtet zum Beitritt sind alle diejenigen Geistlichen, welche schon zur Zeit des Erlasses dieses Reglements und ohne vocationsmäßige Verpflichtung zum Beitritt fest angestellt sind, so lange sie in dieser Stelle verbleiben. Diejenigen zum Beitritte berechtigten Geistlichen, welche später als ein Jahr nach erfolgter Einrichtung des Fonds demselben beitreten, haben sämmtliche Beiträge nebst fünf Prozent Zinsen nachzuzahlen.

Nicht berechtigt und nicht verpflichtet zur Theilnahme an dem Fonds sind:

a) alle Pfarrgehülfen und Hülfsgeistlichen, welche nur widerruflich oder ohne festes Einkommen angestellt oder nicht ordinirt sind;

b) alle Divisions- und selbständige Garnisonsprediger, desgleichen diejenigen Geistlichen an Gefangenen, Kranken- und Strafanstalten 2c., welche im Fall einer ehrenvollen Emeritirung aus anderen Fonds die ihnen zustehenden Pensionen beziehen.

§. 3. Der Betrag des von dem Unterstützungsfonds zu gewährenden Zuschusses ist für alle empfangsberechtigten Emeritirten gleich. Er wird einstweilen mit den im §. 4 seq. aufgestellten Modalitäten auf jährlich 100 Thlr. festgestellt.

Für den Fall, daß der Fonds künftig als zu höheren Zahlungen im Stande sich erweisen sollte, wird eine angemessene Erhöhung dieses Zuschusses vorbehalten.

§. 4. Der volle Betrag dieses Zuschusses kann erst solchen Geistlichen gewährt werden, welche im Laufe des sechsten Jahres nach Errichtung des Fonds und später emeritirt werden. Die den früher emeritirten Geistlichen gebührenden Beträge werden nach Fünfteln abgestuft. Erfolgt die Emeritirung vor Vollendung des ersten Beitrittsjahres, so erhalten sie nichts.

Dagegen erhalten sie:

nach Vollendung ihres ersten Beitrittsjahres ein Fünftel, nämlich	20 Thlr.
nach Vollendung des zweiten Beitrittsjahres zwei Fünftel, nämlich	40 "
nach Vollendung des dritten Beitrittsjahres drei Fünftel, nämlich	60 "
nach Vollendung des vierten Beitrittsjahres vier Fünftel, nämlich	80 "
nach Vollendung des fünften Beitrittsjahres fünf Fünftel, nämlich	100 "

jährlich auf Lebenszeit, unter Vorbehalt derjenigen Verringerung dieser Sätze, welche aus der im §. 5 enthaltenen Bestimmung hervorgehen kann.

§. 5. Sollten in einem Jahre so viele Emeriten vorhanden sein, daß die zur Bestreitung der Zuschußzahlungen disponiblen Summen dazu nicht ausreichen, so sollen sämmtliche Emeriten sich an dem ihnen zustehenden Zuschuß (§. 3) einen nach der Höhe des letzteren ratirlich zu berechnenden gleichmäßigen Abzug gefallen lassen müssen, wofür ihnen natürlich eine Entschädigung zu Theil werden soll, wenn bei ihren Lebzeiten die Verhältnisse der Anstalt derartig werden, daß nach Befriedigung der sämmtlichen Emeriten ein Ueberschuß bleibt.

Den Betrag dieser Entschädigung bestimmt das Königliche Consistorium.

§. 6. Die Zahlung des Zuschusses erfolgt vierteljährlich pränumerando nach den Kalenderquartalen.

§. 7. Der Verlust des Emeritengehalts zieht den Verlust des Zuschusses nach sich.

Sollte ein Emeritus in einem öffentlichen Amte wieder angestellt werden, so verbleibt ihm der Zuschuß nur insoweit, als das Einkommen der neuen Stelle mit dem Emeritengehalte und dem Zuschusse zusammengenommen sein früheres bei der Emeritirung zu Grunde gelegtes Diensteinkommen nicht übersteigt.

§. 8. Wenn ein Emeritus seinen Aufenthalt im Auslande

wählt, so muß die Genehmigung zur Verabfolgung des Zuschusses dorthin bei dem Königlichen Consistorium nachgesucht werden.

§. 9. Die Einnahmen des Fonds sind:

a) die Beiträge der Geistlichen,
b) die Zinsen aus dem Reservefonds, der aus den Ueberschüssen gebildet wird,
c) der Ertrag von Erbschaften, Schenkungen, Vermächtnissen und sonstigen Zuwendungen in den gesetzlichen Schranken.

§. 10. Die laufenden jährlichen Beiträge bestehen in Einem Prozent des Diensteinkommens. Hierbei werden Beträge des Diensteinkommens unter 50 Thlr. nicht gerechnet. Demnach ist z. B. der Beitrag von einem Diensteinkommen von 350 Thlr. bis 399 Thlr. = $3^1/_2$ Thlr., von 400 bis 449 Thlr. = 4 Thlr. Die laufenden Beiträge werden vierteljährlich pränumerando am 1. Januar, 1. April, 1. Juli und 1. Oktober gezahlt. Die Festsetzung des Betrages erfolgt durch das Königliche Consistorium.

Das Rechnungswesen der Anstalt wird durch eine besondere Instruction geregelt.

§. 11. Die Verpflichtung zur Zahlung der Beiträge von einer Stelle während der bei derselben eingetretenen Vacanz, sowie während der Gnadenzeit kann zwar nicht mit zwangsweiser Wirkung festgesetzt werden, doch hat in solchen Fällen das betreffende Presbyterium auf geeignetem Wege dafür zu sorgen, daß die Beiträge auch während der Erledigung der Stelle pünktlich entrichtet werden. Der Substitut oder Adjunct zahlt sie von seinem Diensteinkommen und der Emeritus von seinem Emeritengehalt, insoweit diese nach §. 2 an dem Fonds Theil haben.

§. 12. Geistliche, welche nach §. 1 ihres Amtes entlassen werden (Strafemeritirung) oder, ohne ehrenvoll emeritirt zu werden, ihr Amt aufgeben, können die Erstattung ihrer bis dahin geleisteten Beiträge nicht fordern.

§. 13. Eine Nachzahlung von Beiträgen von früher in andern Provinzen oder Verhältnissen (§. 2 sub a und b) angestellten Geistlichen, welche durch ihre neue Anstellung zum Unterstützungsfonds verpflichtet werden, findet nicht statt.

§. 14. Das Königliche Consistorium der Provinz führt die Direction und Verwaltung des Fonds und vertritt die Anstalt nach Außen, namentlich bei dem Erwerbe, der Verwaltung und Veräußerung von Grundstücken. Dasselbe legt der Provinzialsynode bei ihrem jedesmaligen Zusammentritt die dechargirten Rechnungen der drei letzten Jahre zur Ansicht vor.

4*

§. 15. Gegen die Verfügung des Königlichen Consistoriums steht den Betheiligten die Beschwerde bei dem Minister der geistlichen, Unterrichts- und Medicinal-Angelegenheiten offen.

IV. Allerhöchster Erlaß vom 20. Januar 1876, betreffend die Einführung einer General-Synodalordnung für die evangelische Landeskirche der acht älteren Provinzen der Monarchie.

Nachdem in Gemäßheit Meines Erlasses vom 10. September 1873 eine außerordentliche Generalsynode den von dem Evangelischen Ober-Kirchenrath in Vereinigung mit dem Minister der geistlichen Angelegenheiten festgestellten und von Mir genehmigten Entwurf einer General-Synodalordnung berathen hat, ertheile Ich kraft der Mir als Träger des landesherrlichen Kirchenregiments zustehenden Befugnisse der als Anlage beifolgenden General-Synodalordnung für die evangelische Landeskirche der acht älteren Provinzen der Monarchie hierdurch Meine Sanktion und verkünde dieselbe als kirchliche Ordnung. Das wichtige Werk einer selbstständigen Verfassung für die evangelische Landeskirche ist hiermit in allen ihren Entwickelungsstufen begründet; überall sind den Gemeindegliedern wesentliche Befugnisse der Theilnahme an der kirchlichen Gesetzgebung und Verwaltung übertragen.

Ich vertraue auf die Barmherzigkeit Gottes, an dessen Segen Alles gelegen ist, daß auch diese neue Ordnung dienen wird zur Hebung des kirchlichen Lebens, zur Herstellung des kirchlichen Friedens und zur Anregung eines kräftigen und ersprießlichen Zusammenwirkens aller Betheiligten für die Wahrung des evangelischen Glaubens und guter Sitte.

Soweit es zur Ausführung der General-Synodalordnung nicht noch einer Mitwirkung der Landesgesetzgebung bedarf, wegen deren Herbeiführung von Mir das Erforderliche veranlaßt ist, hat der Evangelische Ober-Kirchenrath mit dem Minister der geistlichen Angelegenheiten wegen dieser Ausführung die weiteren Einleitungen zu treffen. Zugleich bestimme Ich, daß die Vorschriften des §. 7. Nr. 6. der General-Synodalordnung über das förmliche Disziplinarverfahren auf diejenigen Disziplinaruntersuchungen, welche am Tage der Verkündung dieses Erlasses bereits eingeleitet sind, keine Anwendung finden, diese Untersuchungen vielmehr nach dem bisherigen Verfahren zu Ende zu führen sind.

Der gegenwärtige Erlaß ist durch die Gesetz-Sammlung zur öffentlichen Kenntniß zu bringen.

Berlin, den 20. Januar 1876.

Wilhelm.
Falk.

V.

General-Synodalordnung
für die
evangelische Landeskirche
der
acht älteren Provinzen der Monarchie.

§. 1. Der Verband der Generalsynode erstreckt sich auf die evangelische Landeskirche der acht älteren Provinzen der Monarchie.

Der Bekenntnißstand und die Union in den genannten Provinzen und den dazu gehörenden Gemeinden werden durch dieses Verfassungsgesetz nicht berührt.

I.
Zusammensetzung.

§. 2. Die Generalsynode wird zusammengesetzt:

1) aus 150 Mitgliedern, welche von den Provinzialsynoden der Provinzen Preußen, Brandenburg, Pommern, Posen, Schlesien, Sachsen, Westfalen und der Rheinprovinz gewählt werden;
2) aus sechs Mitgliedern, von welchen jede evangelisch-theologische Fakultät an den Universitäten Königsberg, Berlin, Greifswald, Breslau, Halle und Bonn eines aus ihrer Mitte wählt;
3) aus den General-Superintendenten der im Generalsynodalverbande stehenden Provinzen;
4) aus dreißig vom Könige zu ernennenden Mitgliedern.

Die Berufung der Synodalmitglieder erfolgt für eine Synodalperiode von sechs Jahren.

§. 3. Die zufolge §. 2. Nr. 1. zu wählenden Mitglieder werden auf die acht Provinzialsynoden dergestalt vertheilt, daß die Synode

der Provinz	Preußen	24,
„ „	Brandenburg	27,
„ „	Pommern	18,
„ „	Posen	9,
„ „	Schlesien	21,
„ „	Sachsen	24,
„ „	Westfalen	12,
„	Rheinprovinz	15

Mitglieder wählt.

Die Wahl erfolgt in der Weise, daß

1) ein Dritttheil aus den innerhalb der Provinz in geistlichen Aemtern der Landeskirche angestellten Geistlichen,
2) ein Dritttheil aus solchen Angehörigen der Provinz gewählt wird, welche in Kreis- oder Provinzialsynoden oder in den Gemeindekörperschaften derselben als weltliche Mitglieder entweder zur Zeit der Kirche dienen oder früher gedient haben;
3) die Wahlen für das letzte Dritttheil sind an diese Beschränkungen nicht gebunden, sondern können auch auf andere angesehene, kirchlich erfahrene und verdiente Männer gerichtet werden, welche der evangelischen Landeskirche angehören.

Alle Gewählte müssen das dreißigste Lebensjahr zurückgelegt haben.

§. 4. Königlicher Verordnung bleibt es vorbehalten, die Aussonderung der Residenzstadt Berlin und ihrer Umgebung aus dem Synodalverbande der Provinz Brandenburg, die Einrichtung einer besonderen Provinzial- (Stadt-) Synode Berlin und die Vertheilung der Zahl der Mitglieder anzuordnen, welche demnächst die Synoden der Provinz Brandenburg und der Stadt Berlin nach dem Maßstabe der in ihnen vorhandenen evangelischen Bevölkerung in die Generalsynode zu entsenden haben.

Ueber die einzelnen hierzu erforderlichen Bestimmungen sind die vereinigten Kreissynoden von Berlin und die Provinzialsynode der Provinz Brandenburg zu hören.

Veränderungen der hiernach getroffenen Anordnungen, welche durch spätere landesgesetzliche Feststellung eines besonderen provinziellen Verbandes für die Stadt Berlin und ihre Umgebung bedingt werden sollten, erfolgen gleichfalls durch Königliche Verordnung.

II.

Wirkungskreis.

§. 5. Die Generalsynode hat mit dem Kirchenregimente des Königs der Erhaltung und dem Wachsthum der Landeskirche auf dem Grunde des evangelischen Bekenntnisses zu dienen; Regiment, Lehrstand und Gemeinden zur Gemeinschaft der Arbeit an dem Aufbau der Landeskirche zu verbinden; auf Innehaltung der bestehenden Kirchenordnung in den Thätigkeiten der Verwaltung zu achten; über die gesetzliche Fortbildung der landeskirchlichen Einrichtungen zu beschließen; die Fruchtbarkeit der Landeskirche an Werken der christlichen Nächstenliebe zu fördern; die Einheit der Landeskirche gegen auflösende Bestrebungen zu wahren; der provinziellen kirchlichen Selbstständigkeit ihre Grenzen zu ziehen und sie in denselben zu schützen; die Gemeinschaft zwischen der Landeskirche und anderen Theilen der evangelischen Gesammtkirche zu pflegen; zur interkonfessionellen Verständigung der christlichen Kirchen zu helfen, und überhaupt sowohl aus eigener Bewegung als auf Anregung der Kirchenregierung, in Gemäßheit dieser Ordnung, Alles zu thun, wodurch die Landeskirche gebaut und gebessert und die Gesammtkirche in der Erfüllung ihrer religiösen und sittlichen Aufgabe gefördert werden mag.

Gesetzgebung.

§. 6. Landeskirchliche Gesetze bedürfen der Zustimmung der Generalsynode und werden von dem Könige, kraft seines Rechts als Träger des Kirchenregiments, erlassen. Sie werden Behufs der Beglaubigung von dem Präsidenten des Evangelischen Oberkirchenraths gezeichnet.

Die Generalsynode hat das Recht, landeskirchliche Gesetze vorzuschlagen.

Bevor ein von der Generalsynode angenommenes Gesetz dem Könige zur kirchenregimentlichen Genehmigung vorgelegt wird, ist die Erklärung des Ministers der geistlichen Angelegenheiten darüber herbeizuführen, ob gegen den Erlaß desselben von Staatswegen etwas zu erinnern sei.

Ein Kirchengesetz erhält seine verbindliche Kraft durch die Verkündung in dem unter Verantwortlichkeit des Evangelischen Ober-Kirchenraths erscheinenden kirchlichen Gesetz- und Verordnungsblatt. Sie beginnt, sofern in dem Gesetze kein anderer Anfangstermin bestimmt ist, mit dem vierzehnten Tage nach demjenigen Tage, an welchem das betreffende Stück des genannten Blattes in Berlin ausgegeben worden ist.

§. 7. Folgende Gegenstände unterliegen ausschließlich der landeskirchlichen Gesetzgebung:

1) die Regelung der kirchlichen Lehrfreiheit;
2) die ordinatorische Verpflichtung der Geistlichen;
3) die zu allgemeinem landeskirchlichen Gebrauche bestimmten agendarischen Normen.

Soll die Einführung agendarischer Normen nur für einzelne Provinzialbezirke erfolgen, so bedarf es der Zustimmung der betreffenden Provinzialsynode.

Insofern bestehende agendarische Ordnungen die Verwaltung der Sakramente betreffen, dürfen sie in den einzelnen Gemeinden nicht ohne Zustimmung der Gemeindeorgane verändert werden, gleichviel, ob die Aenderung durch landeskirchliche oder provinzielle Gesetzgebung beschlossen ist.

Durch vorübergehende Verhältnisse bedingte und daher nur zeitweilige liturgische Anordnungen werden mit Ermächtigung des Königs vom Evangelischen Ober-Kirchenrath getroffen.

Die Zulassung von Katechismuserklärungen, Religionslehrbüchern und Gesangbüchern erfolgt für den allgemeinen landeskirchlichen Gebrauch nach ertheilter Billigung der Generalsynode, für den provinziellen Gebrauch nach ertheilter Billigung der Provinzialsynode, durch Verfügung des Kirchenregiments. Gegen obligatorische Einführung solcher kirchlicher Bücher steht jeder einzelnen Gemeinde ein Widerspruchsrecht zu;

4) die Einführung oder Abschaffung allgemeiner kirchlicher Feiertage;
5) Aenderungen der Kirchengemeinde- und Synodalordnung vom 10. September 1873 und dieser Ordnung, sowie Aenderungen der Kirchenverfassung, welche den Grundsatz betreffen, wonach das Kirchenregiment des Königs durch kollegiale, mit geistlichen und weltlichen Mitgliedern besetzte Kirchenbehörden auszuüben ist;
6) die Kirchenzucht wegen Verletzung allgemeiner Pflichten der Kirchenglieder, sowie die Disziplinargewalt über Geistliche und andere Kirchendiener. Bis zur anderweiten kirchengesetzlichen Regelung der Disziplinargewalt bei Dienstvergehen der Superintendenten, Geistlichen und niederen Kirchendiener finden auf das förmliche Disziplinarverfahren, sowie auf die vorläufige Dienstenthebung gegen

dieselben die Bestimmungen der §§. 22. 23. Nr. 1., 24. 27. 28. 31. bis 45. und 48. bis 54. des Gesetzes vom 21. Juli 1852 (Gesetz-Samml. S. 465.) mit der Maßgabe Anwendung, daß die in dem genannten Gesetze dem Disziplinarhofe und den Provinzialbehörden beigelegten Befugnisse von den Provinzialkonsistorien nach den für das Verfahren bei den Provinzialbehörden vorgeschriebenen Bestimmungen zu üben sind, die dem Disziplinarhof beigelegte gutachtliche Thätigkeit fortfällt und die Zuständigkeiten des Ministerial- beziehungsweise Staatsministerial-Ressorts dem Evangelischen Ober-Kirchenrathe zukommen;

7) die kirchlichen Erfordernisse der Anstellungsfähigkeit und die kirchlichen Grundsätze über die Besetzung der geistlichen Aemter;

8) die kirchlichen Bedingungen der Trauung.

§. 8. Der Kirchenregierung wie der Generalsynode bleibt unbenommen, auch über andere Gegenstände der kirchlichen Ordnung, deren allgemeine kirchengesetzliche Regelung heilsam erachtet wird, Gesetzesvorschläge zu machen.

Ist diese Regelung erfolgt, so kann weder eine Veränderung derselben noch deren Ueberlassung an die provinzialkirchliche Gesetzgebung oder an das kirchenregimentliche Verordnungsrecht anders als im Wege der landeskirchlichen Gesetzgebung geschehen.

§. 9. Es hängt vom Ermessen der Kirchenregierung ab, über Gesetzesvorschläge, welche sie der Generalsynode zu machen beabsichtigt, zuvor die Provinzialsynoden, beziehungsweise die ausschließlich betheiligten, zu gutachtlicher Aeußerung zu veranlassen. Bei Veränderungen, welche die Liturgie betreffen (§. 7. Nr. 3.), soll diese Anhörung der Provinzialsynoden in der Regel geschehen.

§. 10. Veränderungen der revidirten Kirchenordnung für Westfalen und die Rheinprovinz können, wie bisher, von den Provinzialsynoden dieser Provinzen beschlossen und durch Bestätigung der Kirchenregierung in Kraft gesetzt werden.

Werden Bestimmungen der genannten Kirchenordnung durch ein von der Kirchenregierung beabsichtigtes landeskirchliches Gesetz betroffen, so müssen die Synoden der beiden Provinzen, bevor der Gesetzesvorschlag an die Generalsynode gelangt, gutachtlich gehört werden.

Gehen solche Gesetzesvorschläge von der Generalsynode aus, so sind die Gutachten der genannten Provinzialsynoden vor der Einholung der Königlichen Sanktion zu veranlassen.

Aeußern sich beide Synoden übereinstimmend gegen die Veränderung ihrer Kirchenordnung, so bleiben diese Provinzen von dem Geltungsbereiche der betreffenden landeskirchlichen Vorschrift ausgenommen.

Kirchliche Vermögensrechte und Besteuerung.

§. 11. Die Generalsynode übt eine Kontrole über die vom Evangelischen Ober-Kirchenrathe verwalteten oder unter seine Verfügung gestellten kirchlichen Fonds und sonstigen kirchlichen Einnahmen, und vereinbart mit ihm die leitenden Grundsätze für ihre Verwendung. Der Generalsynode, und in den Jahren, in welchen sie sich nicht versammelt, dem Synodalvorstande ist die Jahresrechnung über diese Fonds zur Prüfung und Ertheilung der Entlastung vorzulegen.

§. 12. Von der Verwendung der unter der Verwaltung des Ministers der geistlichen Angelegenheiten stehenden kirchlichen Fonds und der im Staatshaushalts-Etat für kirchliche Zwecke bewilligten Mittel giebt der Evangelische Ober-Kirchenrath auf Grund der Nachrichten, welche er darüber vom Minister der geistlichen Angelegenheiten erhalten hat, der Generalsynode Kenntniß. Sobald solche Fonds oder Mittel in die Verwaltung der Kirche übergehen, erweitert sich die synodale Kenntnißnahme zur Kontrole (§. 11.).

§. 13. Anordnungen der Kirchenregierung wegen Einführung neuer, regelmäßig wiederkehrender, sowie wegen Abschaffung bestehender landeskirchlicher Kollekten bedürfen der Zustimmung der Generalsynode.

§. 14. Die Bewilligung neuer Ausgaben für landeskirchliche Zwecke, soweit sie durch Umlagen auf die Kirchenkassen oder Kirchengemeinden gedeckt werden sollen, erfolgt im Wege der kirchlichen Gesetzgebung.

Der bewilligte, durch Umlage aufzubringende Betrag wird über die Provinzen der Landeskirche nach einem Maßstabe repartirt, welcher vorläufig durch Königliche Verordnung aufgestellt, endgültig zwischen der Generalsynode und der Kirchenregierung vereinbart wird.

Die auf die einzelnen Provinzen entfallenden Beträge werden nach den in den §§. 72. 73. der Kirchengemeinde- und Synodalordnung vom 10. September 1873 aufgestellten Normen, für die Provinzen Rheinland und Westfalen nach Maßgabe des §. 135. der Kirchenordnung vom 5. März 1835, einer

Unterrepartition unterworfen und an die Konsistorialkassen und von diesen an den Evangelischen Ober-Kirchenrath abgeführt.

§. 15. Auch die Einkünfte des Kirchenvermögens und der Pfarrpfründen können durch ein Kirchengesetz zu Beiträgen für kirchliche Zwecke herangezogen werden.

Dies ist nur zulässig bei Kirchenkassen, sofern die etatsmäßige Solleinnahme derselben die etatsmäßige Sollausgabe um mehr als ein Dritttheil der letzteren, und wenigstens um dreihundert Mark jährlich, übersteigt, bei Pfarrpfründen, sofern der jährliche Ertrag derselben ausschließlich des Wohnungswerths auf mehr als sechstausend Mark sich beläuft. Diese Beiträge dürfen zehn Prozent des jährlichen Ueberschusses der Solleinnahme der Kirchenkasse und des über die Summe von sechstausend Mark hinausgehenden Pfründenertrages nicht überschreiten.

Anträge und Beschwerden.

§. 16. Die Generalsynode kann durch Anträge, welche sie beschließt, das Kirchenregiment in dem ganzen Bereiche seiner Thätigkeit zu den Maßregeln anregen, die sie dem landeskirchlichen Bedürfniß entsprechend erachtet. Auf jeden solchen Antrag muß ein Bescheid, im Falle der Ablehnung mit den Gründen derselben, ertheilt werden.

§. 17. Behufs Erhaltung der kirchengesetzlichen Ordnung in den Thätigkeiten der Verwaltung steht der Generalsynode auch der Weg der Beschwerde offen. Gegenstand derselben sind Verletzungen kirchengesetzlicher Vorschriften durch Verfügungen der Kirchenbehörden, welche im kirchlichen Instanzenwege keine Abhülfe gefunden haben. Die von der Generalsynode darüber gefaßten Beschlüsse gehen an den Evangelischen Ober-Kirchenrath zur Prüfung und Bescheidung.

Wahrung der Einheit der Landeskirche.

§. 18. Der Generalsynode werden die von den Provinzialsynoden gefaßten Beschlüsse vorgelegt. Findet die Generalsynode, daß ein Beschluß der Provinzialsynode mit der Einheit der evangelischen Landeskirche in Bekenntniß und Union, in Kultus und Verfassung nicht vereinbar ist, so ist demselben die kirchenregimentliche Bestätigung zu versagen. Ist solche bereits ertheilt, so hat die Kirchenregierung ihn außer Kraft zu setzen.

Verhältniß zu anderen Kirchengemeinschaften.

§. 19. Die Generalsynode nimmt Kenntniß von den Beziehungen der Landeskirche zu den übrigen Theilen der Deutschen evangelischen Kirche, beschließt über die der weiteren Entwickelung ihres Gemeinschaftsbandes dienenden Einrichtungen und betheiligt sich durch von ihr gewählte Abgeordnete an etwaigen Vertretungskörpern der Deutschen evangelischen Kirche.

Zur Theilnahme der Landeskirche an anderen kirchlichen Versammlungen, insbesondere denen von internationaler oder interkonfessioneller Art, bedarf es der Zustimmung der Generalsynode.

Wahl des Präsidiums, des Synodalvorstandes und Synodalraths.

§. 20. Die Generalsynode wählt beim Beginne ihrer jedesmaligen Versammlung (§. 29.) und für die Dauer derselben ihr Präsidium, bestehend aus einem Präsidenten, einem Vizepräsidenten und vier Schriftführern.

§. 21. Am Schlusse jeder ordentlichen Versammlung (§. 24.) wählt die Generalsynode den Synodalvorstand und Synodalrath auf eine Synodalperiode von sechs Jahren. Wird die Versammlung geschlossen, bevor diese Wahl stattgefunden hat, so treten die für die frühere Synodalperiode Gewählten wieder in Funktion.

§. 22. Der Synodalvorstand besteht aus einem Vorsitzenden, aus einem Stellvertreter desselben und aus fünf Beisitzern. Für die Beisitzer werden Ersatzmänner gewählt, welche bei Verhinderung der ersteren in den Vorstand berufen werden. Scheiden bei nicht versammelter Synode sowohl der Vorsitzende als sein Stellvertreter aus, so wählen die Beisitzer unter sich für die Restzeit einen Vorsitzenden.

Der Synodalvorstand tritt außer Funktion, sobald die nächste ordentliche Versammlung der Generalsynode ihr Präsidium gewählt hat.

§. 23. Zum Synodalrath wählt die Generalsynode achtzehn Mitglieder, welche zusammen mit dem Vorstande den Synodalrath bilden.

Von den Gewählten müssen je drei den Provinzen Preußen, Brandenburg und Sachsen, je zwei den Provinzen Pommern, Schlesien, Westfalen und der Rheinprovinz, eines der Provinz Posen, angehören. Für dieselben werden Ersatzmänner gewählt, welche bei Verhinderung der ersteren zur Funktion berufen werden.

Der Synodalrath endet seine Funktion mit der Eröffnung der nächsten ordentlichen Generalsynode.

III.

Versammlungen der Generalsynode.

§. 24. Die Generalsynode tritt auf Berufung des Königs und zwar alle sechs Jahre zu ordentlicher Versammlung zusammen. Zu außerordentlicher Versammlung kann sie nach Anhörung des Synodalvorstandes jederzeit berufen werden.

Dem Könige steht es zu, jederzeit die Versammlung zu schließen oder zu vertagen.

§. 25. Während der Versammlung der Synode findet in allen evangelischen Hauptgottesdiensten der Landeskirche eine Fürbitte für die Synode statt.

§. 26. Als Königlicher Kommissar zur Wahrnehmung der Zuständigkeiten des obersten Kirchenregiments bei der Synode fungirt der Präsident des Evangelischen Ober-Kirchenraths. In Vakanzfällen oder bei dauernder Verhinderung ernennt der König einen anderen Kommissar.

Der Königliche Kommissar ist befugt, jederzeit das Wort zu ergreifen und Anträge zu stellen. Er kann Mitglieder des Evangelischen Ober-Kirchenraths mit seiner Beihülfe und vorübergehenden Vertretung beauftragen.

Der Minister der geistlichen Angelegenheiten und die von ihm ernannten Kommissarien sind berechtigt, den Sitzungen beizuwohnen und jederzeit das Wort zu ergreifen, sofern sie es im Interesse des Staates für erforderlich erachten.

§. 27. Die Synode regelt ihren Geschäftsgang. Bis dies geschieht, ist eine provisorische Geschäftsordnung maßgebend, welche der Evangelische Ober-Kirchenrath ertheilt.

§. 28. Der Präsident der Synode leitet die Verhandlungen und handhabt die äußere Ordnung.

§. 29. Der Vorsitzende des Synodalvorstandes eröffnet die Synode, berichtet über die bisherige Wirksamkeit des Synodalvorstandes während der verflossenen Synodalperiode, sowie über die Verhandlungen der während derselben Zeit abgehaltenen Provinzialsynoden, soweit sie für die gesammte Landeskirche von Bedeutung sind; er berichtet ferner über die Legitimation der Synodalmitglieder und leitet die Wahl des Präsidiums.

Die Versammlung beschließt über die Legitimation ihrer Mitglieder.

§. 30. Die Mitglieder werden nach Konstituirung des Präsidiums von dem Präsidenten mit dem in der Kirchengemeinde- und Synodalordnung vom 10. September 1873 §. 63. vorgeschriebenen Gelöbniß verpflichtet.

§. 31. Am Tage nach der Eröffnung der Synode findet ein feierlicher Synodal-Gottesdienst statt.

Jede einzelne Sitzung beginnt mit einer kurzen Schriftvorlesung und Gebet und schließt mit einem Segenswunsch. Die Synode wird mit Gebet geschlossen.

§. 32. Die Verhandlungen sind öffentlich. Eine vertrauliche Berathung kann durch Beschluß der Synode verfügt werden.

Zur Beschlußfähigkeit ist die Anwesenheit der Mehrheit der gesetzlichen Zahl der Mitglieder erforderlich. Die Beschlußfassung erfolgt mit absoluter Mehrheit der abgegebenen Stimmen. Bei Stimmengleichheit gilt der Antrag als abgelehnt.

Wahlhandlungen sind, wenn zunächst relative Mehrheiten sich ergeben, durch engere Wahl bis zur Erreichung einer absoluten Mehrheit fortzusetzen. Für die Wahl zu Kommissionen genügt die relative Mehrheit. Bei Stimmengleichheit entscheidet das Loos.

Einer zweimaligen Berathung und Beschlußfassung bedarf es, wenn es sich um Kirchengesetze (§. 6.) oder um Bewilligung neuer Ausgaben (§§. 14. 15.) handelt.

Aenderungen der Kirchenverfassung in Bezug auf die Zusammensetzung oder die Befugnisse der Gemeindeorgane oder der Synoden können nur mit einer Mehrheit von zwei Dritteln der abgegebenen Stimmen in der Generalsynode beschlossen werden.

§. 33. Das Präsidium sorgt für die Aufzeichnung, Redaktion und Beglaubigung der Sitzungsprotokolle. Bei der Aufzeichnung kann es von Mitgliedern der Synode unterstützt werden, welche sich auf Einladung des Präsidiums diesem Geschäfte unterziehen.

IV.

Synodalvorstand und Synodalrath.

§. 34. Als selbstständiges Kollegium hat der Vorstand der Generalsynode den folgenden Wirkungskreis:

1) Er erledigt die ihm von der Kirchenregierung gemachten Vorlagen.
2) Er beschließt über die in seiner eigenen Mitte gestellten Anträge auf Beseitigung von Mängeln, welche bei der kirchlichen Gesetzgebung und Verwaltung hervortreten. Beschlüsse der letzteren Art gehen, sofern ihnen im Verwaltungswege entsprochen werden kann, als Anträge an

den Evangelischen Ober-Kirchenrath. Verlangt ihre Ausführung den Weg der Gesetzgebung, so kann der Synodalvorstand entweder die Beschreitung desselben bei der Kirchenregierung beantragen, oder selbst einen Gesetzentwurf Behufs seiner Einbringung in der Generalsynode ausarbeiten (§. 6.).

3) Er vertritt die nicht versammelte Generalsynode, wenn Anordnungen, welche regelmäßig der beschließenden Mitwirkung der Generalsynode bedürfen, wegen ihrer Unaufschieblichkeit durch kirchenregimentlichen Erlaß provisorisch getroffen werden sollen. Solche Erlasse können nur ergehen, wenn der Synodalvorstand sowohl die Unaufschieblichkeit anerkennt als auch ihrem Inhalte zustimmt und mit ausdrücklicher Erwähnung dieser seiner Mitwirkung. Sie sind der nächsten Generalsynode zur Prüfung und Genehmigung vorzulegen und, wenn die letztere versagt wird, außer Wirksamkeit zu setzen.

4) Er bereitet die nächste Versammlung der Generalsynode, soweit ihm dies obliegt, vor, insbesondere durch Prüfung der Legitimationen und Feststellung des der Generalsynode abzustattenden Berichts (§. 29.).

5) In Bezug auf die vorangegangene Versammlung erledigt er die zur Ausführung ihrer Beschlüsse erforderlichen Geschäfte und sorgt für den Druck und die Vertheilung der Synodalprotokolle.

6) Er verwaltet die General-Synodalkasse (§. 38.) und übt die ihm in §. 11. zugewiesenen Funktionen.

Verlangt der Synodalvorstand, bevor er sich in Angelegenheiten der unter Nr. 2. und 3. bezeichneten Art schlüssig macht, eine gemeinschaftliche Berathung mit dem Evangelischen Ober-Kirchenrath, so hat der letztere eine solche zu veranstalten.

§. 35. Der Synodalvorstand wird zur Erledigung derjenigen Geschäfte, welche ihm selbstständig bei nicht versammelter Synode obliegen (§. 34.), nach Vereinbarung mit dem Evangelischen Ober-Kirchenrath von seinem Vorsitzenden nach Berlin berufen.

Zu einem gültigen Beschlusse des Synodalvorstandes bedarf es der Anwesenheit von wenigstens fünf Mitgliedern. Bei Stimmengleichheit giebt die Stimme des Vorsitzenden den Ausschlag.

Die Erledigung einzelner Geschäfte im schriftlichen Wege ist ausnahmsweise nach dem Ermessen des Vorsitzenden zulässig.

Der Synodalvorstand regelt seinen Geschäftsgang durch seine Beschlüsse. Es steht ihm frei, aus seiner Mitte für bestimmte Geschäfte Ausschüsse zu bilden oder auch einzelne Mitglieder mit solchen zu beauftragen.

§. 36. Mit dem Evangelischen Ober-Kirchenrath wirkt der Synodalvorstand zusammen:

1) wenn in der Rekursinstanz entweder über Einwendungen der Gemeinde gegen die Lehre eines zum Pfarramt Designirten, oder über die wegen Mangels an Uebereinstimmung mit dem Bekenntniß der Kirche angefochtene Berufung eines sonst Anstellungsfähigen zu einem geistlichen Amte, oder in einer wegen Irrlehre gegen einen Geistlichen geführten Disziplinaruntersuchung Entscheidung abgegeben werden soll;
2) bei der Feststellung der von der Kirchenregierung der Generalsynode vorzulegenden Gesetzentwürfe und der zur Ausführung der landeskirchlichen Gesetze erforderlichen Instruktionen;
3) bei den dem Evangelischen Ober-Kirchenrath zustehenden Vorschlägen für die Besetzung der General-Superintendenturen;
4) bei Vertretung der evangelischen Landeskirche in ihren vermögensrechtlichen Angelegenheiten;
5) in anderen Angelegenheiten der kirchlichen Centralverwaltung von vorzüglicher Wichtigkeit, in welchen der Evangelische Ober-Kirchenrath die Zuziehung des Synodalvorstandes beschließt.

Die Mitwirkung des Vorstandes findet in der Weise statt, daß die Mitglieder desselben, nach vorheriger Mittheilung der Gegenstände der Berathung, auf Berufung durch den Präsidenten des Evangelischen Ober-Kirchenraths an den betreffenden Berathungen und Beschlüssen als außerordentliche Mitglieder des Evangelischen Ober-Kirchenraths mit vollem Stimmrecht Theil nehmen. In der Ausfertigung solcher Beschlüsse ist ihrer Mitwirkung Erwähnung zu thun. Dem Erforderniß der Mitwirkung ist entsprochen, wenn wenigstens vier Mitglieder des Vorstandes Theil genommen haben.

§. 37. Der Synodalrath (§. 23.) wird in jedem Jahre einmal in Berlin versammelt, um mit dem Evangelischen Ober-Kirchenrath in dessen Sitzung über Aufgaben und Angelegenheiten der Landeskirche zu berathen, in welchen die Kirchenregierung zur Feststellung leitender Grundsätze den Beirath dieses landeskirchlichen Synodalorgans für nothwendig erachtet.

Die Berufung erfolgt durch den Evangelischen Ober-Kirchenrath.

Die Versammlung des Synodalraths kann in den Jahren ausfallen, in welchen die Generalsynode sich versammelt.

V.

Kosten.

§. 38. Zur Bestreitung der Kosten der Generalsynode, sowie der Vorstände derselben und der von den letzteren bestellten Ausschüsse und Kommissionen wird eine General-Synodalkasse gebildet. Diese erhält ihren Bedarf, soweit nicht andere Mittel für jenen Zweck gewidmet sind, durch die Beiträge der Provinzial-Synodalkassen. Für die Vertheilung dieser Beiträge über die einzelnen Provinzen und die Beschaffung der auf diese entfallenden Summen sind die Bestimmungen des §. 14. Satz 2. und 3. maßgebend. Die Abführung geschieht an den Vorstand der Generalsynode.

§. 39. Der Synodalvorstand legt die Rechnung der General-Synodalkasse. Die Prüfung und Entlastung dieser Rechnung erfolgt durch die Generalsynode.

Beschließt die Generalsynode auf den Antrag ihres Vorstandes die Verwaltung der Synodalkasse durch den Evangelischen Ober-Kirchenrath, so erfolgt sie bei diesem; Rechnungslegung und Entlastung richten sich dann nach den Vorschriften des §. 11.

§. 40. Den Mitgliedern der Generalsynode, ihres Vorstandes und des Synodalrathes gebühren Tagegelder und, soweit sie nicht am Orte ihrer synodalen Wirksamkeit ihren Wohnsitz haben, Reisekosten. Dieselben gehören zu den Synodalkosten und werden nach den vom Evangelischen Ober-Kirchenrath vorläufig zu bestimmenden, definitiv mit der Generalsynode zu vereinbarenden Sätzen aus der General-Synodalkasse bestritten.

VI.

Schlußbestimmungen.

§. 41. Die Neuregelung der Ressortverhältnisse zwischen den Staatsbehörden einerseits und den Kirchenbehörden andererseits bleibt staatlicher Anordnung vorbehalten.

§. 42. Die §§. 50. 59. 61. und 62. der Kirchengemeinde- und Synodalordnung vom 10. September 1873 sind aufgehoben.

An die Stelle derselben treten die Bestimmungen der nachfolgenden §§. 43. bis 46.

§. 43. Die Kreissynode besteht aus:

1) dem Superintendenten der Diözese als Vorsitzenden.

Unter mehreren zur Synode gehörigen Superintendenten gebührt der Vorsitz dem im Ephoralamt älteren;

2) sämmtlichen innerhalb des Kirchenkreises ein Pfarramt definitiv oder vikarisch verwaltenden Geistlichen. Geistliche an Anstalten, welche keine Parochialrechte haben, Militärgeistliche und ordinirte Hülfsgeistliche sind nur befugt, mit berathender Stimme an der Synode Theil zu nehmen. Zweifel über den Umfang der Theilnahmeberechtigung einzelner Geistlichen entscheidet das Konsistorium;

3) der doppelten Anzahl gewählter Mitglieder. Die Hälfte derselben wird aus den derzeitigen Aeltesten oder aus der Zahl der früheren Aeltesten gewählt, in der Weise, daß jede Gemeinde so viele Mitglieder entsendet, als sie stimmberechtigte Geistliche in der Synode hat. Die andere Hälfte wird aus den angesehenen, kirchlich erfahrenen und verdienten Männern des Synodalkreises von den an Seelenzahl stärkeren Gemeinden gewählt. Diejenigen Gemeinden, welche hiernach noch ein oder mehrere Mitglieder zu wählen haben, sowie die Zahl dieser Mitglieder, werden unter Berücksichtigung der Seelenzahl, sowie der sonstigen örtlichen Verhältnisse der Gemeinden und des Kreises, das erste Mal nach Anhörung des Kreis-Synodalvorstandes durch Anordnung des durch den Provinzial-Synodalvorstand verstärkten Konsistoriums, demnächst endgültig nach Anhörung der Kreissynode durch Beschluß der Provinzialsynode bestimmt.

Die Wahl dieser Mitglieder erfolgt auf drei Jahre und wird durch die vereinigten Gemeindeorgane, bei verbundenen Gemeinden der Gesammtparochie, vollzogen; wo verfassungsmäßig eine Gemeindevertretung nicht vorhanden ist, erfolgt die Wahl durch den Gemeinde-Kirchenrath. Diejenigen weltlichen Mitglieder der Kreissynode, welche noch kein Gelübde als Aelteste abgelegt haben, werden von dem Vorsitzenden der Kreissynode mit demjenigen Gelübde verpflichtet, welches die Mitglieder der

Provinzialsynode nach §. 63. der Kirchengemeinde- und Synodalordnung vom 10. September 1873 zu leisten haben. Die Gewählten müssen das dreißigste Lebensjahr zurückgelegt haben.

Seitens der Kirchenregierung ist darauf hinzuwirken, daß durch Theilung der größeren Diözesen eine übermäßig große Zahl der zu einer Kreissynode gehörigen Mitglieder vermieden werde.

§. 44. Die Provinzialsynode wird zusammengesetzt aus:

1) den von den Kreissynoden oder Synodalverbänden der Provinz zu wählenden Abgeordneten;
2) einem von der evangelisch-theologischen Fakultät der Provinzial-Universität (für Posen der Universität Breslau) zu wählenden Mitgliede dieser Fakultät;
3) den vom Könige zu ernennenden Mitgliedern, deren Zahl den sechsten Theil der nach Nr. 1. zu wählenden Abgeordneten nicht übersteigen soll.

Die Berufung aller Synodalmitglieder erfolgt für eine Synodalperiode von drei Jahren.

§. 45. Jeder Kreis-Synodalbezirk ist ein Wahlkreis, seine Kreissynode der Wahlkörper. Ist jedoch in der Provinz eine größere Anzahl von Kreissynoden vorhanden, so ist durch Vereinigung mehrerer Kreissynoden zu einem Wahlverbande die Zahl der Wahlkreise auf fünfunddreißig, in den Provinzen Brandenburg und Sachsen auf vierzig zu verringern. In dem Wahlverbande bilden die vereinigten Kreissynoden den Wahlkörper.

Die Anzahl und die Begrenzung der durch Zusammenlegung von Kreissynoden gebildeten Wahlkreise wird bis zur anderweiten kirchengesetzlichen Regelung durch Königliche Verordnung bestimmt.

Die Zahl der von den Kreissynoden und Wahlverbänden zu wählenden Abgeordneten (§. 44. Nr. 1.) beträgt das Dreifache der in der Provinz vorhandenen Wahlkreise.

Für jeden Abgeordneten wird gleichzeitig ein Stellvertreter gewählt.

§. 46. Die Wahl erfolgt in der Weise, daß in jedem Wahlkreise

1) ein Abgeordneter aus den innerhalb des Wahlkreises in geistlichen Aemtern der Landeskirche angestellten Geistlichen,
2) ein Abgeordneter aus solchen Angehörigen des Wahlkreises gewählt wird, welche in Kreissynoden oder in den Ge-

meindekörperschaften desselben als weltliche Mitglieder zur Zeit der Kirche dienen oder früher gedient haben;

3) das letzte Dritttheil der Abgeordneten wird von den an Seelenzahl stärkeren Kreissynoden und Wahlverbänden aus den angesehenen, kirchlich erfahrenen und verdienten Männern des Provinzialbezirks gewählt. Diejenigen Wahlkörper, welche hiernach eines oder mehrere dieser Mitglieder zu wählen haben, sowie die Zahl dieser Mitglieder werden unter Berücksichtigung der Seelenzahl das erste Mal durch Anordnung des Evangelischen Ober-Kirchenraths, demnächst endgültig durch Beschluß der Provinzialsynode bestimmt. Dieser Beschluß bedarf der Bestätigung des durch den Vorstand der Generalsynode verstärkten Evangelischen Ober-Kirchenraths.

Die weltlichen Mitglieder müssen das 30. Lebensjahr zurückgelegt haben.

§. 47. Die Amtsthätigkeit der jetzigen Kreissynoden und Kreis-Synodalvorstände, Provinzialsynoden und Provinzial-Synodalvorstände erlischt mit dem Tage, an welchem die nach der gegenwärtigen Ordnung gebildeten Synoden und Synodalvorstände in Wirksamkeit treten.

§. 48. Bis zur Konstituirung des Präsidiums der ersten Generalsynode werden die dem Synodalvorstand oder seinem Vorsitzenden beigelegten Funktionen durch den Evangelischen Ober-Kirchenrath oder dessen Präsidenten ausgeübt.

§. 49. Die zur Ausführung dieser Ordnung erforderliche Instruktion wird von dem Evangelischen Ober-Kirchenrath im Einverständniß mit dem Minister der geistlichen Angelegenheiten erlassen.

VI. Gesetz, betreffend die evangelische Kirchenverfassung in den acht älteren Provinzen der Monarchie vom 3. Juni 1876.

Wir Wilhelm, von Gottes Gnaden König von Preußen ꝛc. verordnen, mit Zustimmung der beiden Häuser des Landtages der Monarchie, für die Provinzen Preußen, Brandenburg, Pommern, Posen, Schlesien, Sachsen und Westfalen und die Rheinprovinz, was folgt:

Art. 1. Die in der Kirchengemeinde- und Synodal-Ordnung vom 10. September 1873 (Ges.-Samml. 1874

S. 151) und in der anliegenden General-Synodalordnung vom 20. Januar 1876 bestimmten und nach diesen Vorschriften zusammengesetzten Synodalorgane üben die nachstehenden Rechte nach Maßgabe dieses Gesetzes.

Art. 2. Die Kreissynode übt die ihr in der Kirchengemeinde- und Synodal-Ordnung vom 10. September 1873 zugewiesenen Rechte in Betreff

1) der in den Kirchengemeinden bestehenden und der den Kirchengemeinden des Synodalkreises gemeinsamen Einrichtungen und Institute für christliche Liebeswerke (§. 53. Nr. 5.);
2) des Kassen- und Rechnungswesens der einzelnen Gemeinden und der kirchlichen Stiftungen innerhalb des Bezirks (§. 53. Nr. 6);
3) der Kreis-Synodalkasse, des Kreis-Synodalrechners, des Etats der Kasse und der Repartition der zu derselben erforderlichen Beiträge der Kirchenkassen und Gemeinden (§. 53. Nr. 7.);
4) der statutarischen Ordnungen (§. 53. Nr. 8.).

Die zur Ausübung dieser Rechte erforderlichen Beschlüsse werden nach §. 52. Absatz 3, 4. gefaßt.

Art. 3. Den Gemeinden steht gegen Beschlüsse der Kreissynode wegen Repartition der zur Kreis-Synodalkasse erforderlichen Beiträge binnen einundzwanzig Tagen seit Zustellung des Beschlusses Beschwerde zu.

Ueber die Beschwerde entscheidet die Staatsbehörde.

Art. 4. Zur Feststellung statutarischer Ordnungen in dem der Kreissynode überwiesenen Geschäftsgebiete (§. 53. Nr. 8, §. 65. Nr. 5.) bedarf es der vorgängigen Anerkennung seitens der Staatsbehörde, daß die entworfenen Bestimmungen dem Gesetz vom 25. Mai 1874 und diesem Gesetz nicht zuwider seien.

Art. 5. Der Kreis-Synodalvorstand übt in Bezug auf die nach §. 53. Nr. 5. und 6. der Synode übertragene Mitaufsicht das Recht, in eiligen Fällen die vorläufige Entscheidung zu treffen (§. 55. Nr. 6.).

Art. 6. Die Rechte, welche nach den Artikeln 2. bis 5. der einzelnen Kreissynode und deren Vorstande zustehen, werden in dem Fall des §. 57. Absatz 1. den vereinigten Kreissynoden und deren Vorständen für die gemeinsamen Angelegenheiten beigelegt, wenn die Vereinigung mit Einwilligung der einzelnen Kreissynoden erfolgt.

Art. 7. Wenn der Wirkungskreis einer Kreissynode oder einer nach §. 57. Absatz 1. gebildeten Vereinigung von Kreissynoden, sowie ihres Vorstandes nach Absatz 2. dieses Paragraphen mit Rücksicht auf eigenthümliche Einrichtungen oder Bedürfnisse des Kreises erweitert werden soll, so ist ein Regulativ zu erlassen, für welches die Bestimmungen des bezeichneten Absatzes maßgebend sind. Auf die Feststellung desselben findet Artikel 4. dieses Gesetzes Anwendung.

Art. 8. In dem Regulativ für die vereinigten Kreissynoden der Haupt- und Residenzstadt Berlin kann denselben das Recht beigelegt werden,

1) über die Veränderung, Aufhebung oder Einführung allgemeiner Gebührentaxen für alle Gemeinden Beschluß zu fassen;
2) allgemeine Umlagen auszuschreiben, und zwar:
   a) Behufs Ersatz für die aufzuhebenden Stolgebühren,
   b) zur Gewährung von Beihülfen an ärmere Parochieen Behufs Befriedigung dringender kirchlicher Bedürfnisse.

   Soll die Umlage für diesen letzteren Zweck drei Prozent der Summe der von den pflichtigen Gemeindegliedern jährlich an den Staat zu entrichtenden Personalsteuern (Klassen- und Einkommensteuer) übersteigen, so bedarf es der Genehmigung des Staatsministeriums.

   Die Umlagen müssen gleichzeitig in allen Gemeinden nach gleichem Maßstabe erhoben werden, und gilt für den Repartitionsfuß die Vorschrift des §. 31. Nr. 6. der Kirchengemeinde- und Synodalordnung vom 10. September 1873.

   Auf die Beschlüsse über solche Umlagen findet Artikel 3. Absatz 3. 4. des Gesetzes vom 25. Mai 1874 Anwendung;
3) eine Synodalkasse für die Einnahme und Verwendung der ausgeschriebenen Umlagen zu errichten.

   Zur Uebertragung der in diesem Gesetze den Provinzialsynoden zugestandenen Rechte auf die demnächst zu bildende Provinzialsynode Berlin bedarf es eines Staatsgesetzes.

Art. 9. In anderen Ortschaften, die mehrere unter einem gemeinsamen Pfarramt nicht verbundene Parochieen umfassen, können die im Artikel 8. bezeichneten Zwecke auf den Antrag aller oder der Mehrheit der Parochieen im Sinne des Artikel 4. des Gesetzes vom 25. Mai 1874 für gemeinsame Angelegenheiten durch das Konsistorium erklärt werden.

Beim Widerspruch der Vertretung auch nur einer Parochie kann dies nur unter Zustimmung der Provinzialsynode geschehen.

Art. 10. Die Provinzialsynode übt die ihr in der Kirchengemeinde- und Synodalordnung vom 10. September 1873 zugewiesenen Rechte in Betreff

1) der von den Kreissynoden beschlossenen statutarischen Bestimmungen (§. 65. Nr. 5.);
2) der Synodalwittwen- und Waisenkassen, der provinziellen Fonds und Stiftungen; der Kreis-Synodalkasse und der Provinzial-Synodalkasse (§. 65. Nr. 6.);
3) neuer kirchlicher Ausgaben zu provinziellen Zwecken (§. 65. Nr. 7.);
4) der Verwendung des Ertrages der vor dem jedesmaligen Zusammentritt der Provinzialsynode oder alljährlich in der Provinz einzusammelnden Kirchen- und Hauskollekten zum Besten der dürftigen Gemeinden des Bezirks (§. 65. Nr. 8.).

   Die Befugniß, eine Einsammlung dieser Hauskollekte anzuordnen, bedarf nicht der besonderen Ermächtigung einer Staatsbehörde; die Zeit der Einsammlung muß aber dem Oberpräsidenten vorher angezeigt werden.

Die zur Ausübung dieser Rechte erforderlichen Beschlüsse werden nach §. 70. Absatz 1. 2. gefaßt.

Art. 11. Die von der Provinzialsynode beschlossenen neuen kirchlichen Ausgaben zu provinziellen Zwecken (§. 65. Nr. 7. der Kirchengemeinde- und Synodalordnung vom 10. September 1873) werden auf die Kreis-Synodalkassen nach Maßgabe der in den §§. 72. 73. daselbst aufgestellten Normen repartirt.

Sowohl der Beschluß über die Bewilligung der Ausgabe als die Matrikel bedarf der Bestätigung durch die Staatsbehörde. Die Bestätigung ist insbesondere zu versagen, wenn Bedenken hinsichtlich der Ordnungsmäßigkeit des Beschlusses, der Angemessenheit des Vertheilungsmaßstabes oder der Leistungsfähigkeit des Bezirks bestehen.

Art. 12. Die Bestimmungen der §§. 71. bis 74. der Kirchengemeinde- und Synodalordnung vom 10. September 1873 über die Kosten der Kreis- und Provinzialsynoden kommen zur Anwendung, sobald die neuen Synodalorgane gemäß den §§. 43. bis 46. der General-Synodalordnung vom 20. Januar 1876 gebildet sind.

Art. 13. Kirchliche Gesetze und Verordnungen, sie mögen für die Landeskirche oder für einzelne Provinzen oder Bezirke erlassen werden, sind nur soweit rechtsgültig, als sie mit einem Staatsgesetz nicht in Widerspruch stehen.

Bevor ein von einer Provinzialsynode oder von der Generalsynode beschlossenes Gesetz dem Könige zur Sanktion vorgelegt wird, ist durch eine Erklärung des Staatsministeriums festzustellen, daß gegen das Gesetz von Staatswegen nichts zu erinnern ist. In der Verkündigungsformel ist diese Feststellung zu erwähnen.

Absatz 4. des §. 6. der General-Synodalordnung vom 20. Januar 1876 findet auch auf provinzielle kirchliche Gesetze Anwendung.

Die Bestimmungen dieses Artikels gelten auch in dem Bezirk der Kirchenordnung vom 5. März 1835 für die Provinz Westfalen und die Rheinprovinz.

Art. 14. Die Generalsynode übt die ihr in der General-Synodalordnung vom 20. Januar 1876 zugewiesenen Rechte in Betreff

1) der unter die Verwaltung und Verfügung des Evangelischen Ober-Kirchenraths gestellten kirchlichen Fonds (§§. 11, 12.);
2) neuer Ausgaben für landeskirchliche Zwecke (§. 14);
3) der Heranziehung der Einkünfte des Kirchenvermögens und der Pfarrpfründen zu Beiträgen für kirchliche Zwecke (§. 15.).

Die zur Ausübung dieser Rechte erforderlichen Beschlüsse werden nach §. 32. Absatz 2. und 4. gefaßt.

Art. 15. Kirchengesetze, durch welche neue Ausgaben zu landeskirchlichen Zwecken bewilligt werden (§. 14. der General-Synodal-Ordnung vom 20. Januar 1876), und die endgültige Vereinbarung zwischen der Generalsynode und der Kirchenregierung über die Vertheilung der Umlage auf die Provinzen (§. 14. Absatz 2. daselbst) bedürfen, bevor sie dem Könige zur Sanktion vorgelegt werden, der Zustimmung des Staatsministeriums. Die Zustimmung ist in der Verkündigungsformel zu erwähnen.

Die Königliche Verordnung über vorläufige Feststellung des Vertheilungsmaßstabes (§. 14. Abs. 2.) ist von dem Staatsministerium gegenzuzeichnen.

Für die Untervertheilung in den Provinzen Preußen, Brandenburg, Pommern, Posen, Schlesien und Sachsen kommt Artikel 11. zur Anwendung. Die Untervertheilung in der Provinz Westfalen und der Rheinprovinz erfolgt nach Maßgabe des §. 135. der Kirchenordnung vom 5. März 1835. Wegen der Bestätigung der Matrikel für die Vertheilung auf die Kreissynoden findet Artikel 11. Absatz 2. und wegen der Vertheilung der Antheile der Kreissynoden auf die Gemeinden Artikel 3. Anwendung.

Art. 16. Die Gesammtsumme der auf Grund der Artikel 10. Nr. 3. und 14. Nr. 2. zu beschließenden Umlagen darf — abgesehen von den Synodalkosten — für provinzielle und landeskirchliche Zwecke vier Prozent der Gesammtsumme der Klassen- und Einkommensteuer der zur evangelischen Landeskirche gehörigen Bevölkerung nicht übersteigen.

Wie viel von den innerhalb dieser Grenzen zulässigen Umlagen durch die Provinzialsynoden und wie viel durch die Generalsynode ausgeschrieben werden kann, wird durch landeskirchliches Gesetz bestimmt.

Kirchengesetze, welche diesen Prozentsatz überschreiten, bedürfen der Bestätigung durch ein Staatsgesetz. Dasselbe gilt, wenn Kirchengesetze eine Belastung der Gemeinden zu Gemeindezwecken anordnen oder zur Folge haben.

Art. 17. Kirchengesetze, durch welche die Einkünfte des Kirchenvermögens oder der Pfarrpfründen zu Beiträgen für kirchliche Zwecke herangezogen werden (§. 15. der General-Synodalordnung vom 20. Januar 1876), dürfen die Pfründeninhaber in ihren schon vor Erlaß dieses Gesetzes erworbenen Rechten nicht schmälern, müssen die Heranziehung in den einzelnen Kategorien der Kirchenkassen oder Pfründen nach gleichen Prozentsätzen anordnen und bedürfen, bevor sie dem Könige zur Sanktion vorgelegt werden, der Zustimmung des Staatsministeriums. Die Zustimmung ist in der Verkündigungsformel zu erwähnen.

Die Zustimmung darf nicht versagt werden, wenn das Gesetz ordnungsmäßig zu Stande gekommen ist und der Inhalt desselben dem §. 15. der General-Synodalordnung vom 20. Januar 1876 und diesem Artikel entspricht.

Kirchengemeinden, welche den Nachweis führen, daß sie die vollen Ueberschüsse ihrer Kirchenkasse zu bestimmten, innerhalb der nächstfolgenden Jahre zu befriedigenden Bedürfnissen nicht entbehren können, sind von dieser Beitragspflicht zeitweilig zu entbinden.

Die Beiträge können im Wege der Administrativ-Exekution beigetrieben werden.

Zur Abwendung der Exekution steht den Betheiligten binnen einundzwanzig Tagen seit Empfang der Zahlungsaufforderung die Beschwerde dahin zu, daß die Heranziehung nicht dem Gesetz entspricht oder die Berechnung des Beitrages unrichtig, oder die Kirchenkasse nach Absatz 3. von der Beitragspflicht zu entbinden ist.

Ueber die Beschwerde entscheidet die Staatsbehörde.

Art. 18. Der General-Synodalvorstand übt die ihm in den §§. 11. 12. der General-Synodalordnung vom 20. Januar 1876 zugewiesenen Rechte und verwaltet die General-Synodalkasse (§. 34. Nr. 6.).

Die zur Ausübung dieser Rechte erforderlichen Beschlüsse werden nach §. 35. Absatz 2. gefaßt.

Art. 19. Die Vertretung der evangelischen Landeskirche in ihren vermögensrechtlichen Angelegenheiten erfolgt durch den evangelischen Ober-Kirchenrath unter Mitwirkung des General-Synodalvorstandes (§. 36. Nr. 4. der General-Synodalordnung vom 20. Januar 1876). Die Befugniß zur Aufnahme von Anleihen ist darin nicht einbegriffen.

Schriftliche Willenserklärungen, welche die Landeskirche Dritten gegenüber rechtlich verpflichten, bedürfen in ihrer Ausfertigung des Vermerks, daß der General-Synodalvorstand bei dem Beschluß mitgewirkt hat, der Unterschrift des Präsidenten des Evangelischen Ober-Kirchenraths oder dessen Stellvertreters und der Beidrückung des Amtssiegels.

Art. 20. Für die Kosten der Generalsynode, deren Vorstände, Ausschüsse und Kommissionen, sowie des Synodalraths kommen die §§. 38. bis 40. der General-Synodalordnung vom 20. Januar 1876 zur Anwendung.

Art. 21. Die Verwaltung der Angelegenheiten der evangelischen Landeskirche geht, soweit solche bisher von dem Minister der geistlichen Angelegenheiten und von den Regierungen geübt worden ist, auf den Evangelischen Ober-Kirchenrath und die Konsistorien als Organe der Kirchenregierung über.

Der Zeitpunkt und die Ausführung des Ueberganges bleibt Königlicher Verordnung vorbehalten.

Veränderungen der kollegialen Verfassung dieser Organe bedürfen der Genehmigung durch ein Staatsgesetz (General-Synodalordnung vom 20. Januar 1876 §. 7. Nr. 5.).

Art. 22. In Beziehung auf die Patronatsverhältnisse, sowie auf die kirchlichen Angelegenheiten bei dem Militär und öffentlichen Anstalten wird in den Zuständigkeiten der Behörden durch dieses Gesetz nichts geändert.

Art. 23. Den Staatsbehörden verbleibt:

1) die Anordnung und Vollstreckung der zur Aufrechthaltung

der äußeren kirchlichen Ordnung erforderlichen polizeilichen Vorschriften;

2) die Regelung der streitigen Kirchen-, Pfarr- und Küstereibausachen, sowie die Vollstreckung der einstweiligen Entscheidungen in diesen Sachen;
3) die Beitreibung kirchlicher Abgaben;
4) die Leitung der Kirchenbuchführung, soweit die Kirchenbücher noch zur Beurkundung des Personenstandes dienen;
5) die Ausstellung von Attesten über das Vorhandensein derjenigen Thatsachen, welche den Anspruch auf Kostenfreiheit begründen;
6) die Mitwirkung bei der Veränderung bestehender, sowie bei der Bildung neuer Pfarrbezirke;
7) die Mitwirkung bei der Besetzung kirchenregimentlicher Aemter oder bei der Anordnung einer kommissarischen Verwaltung derselben. Diese Mitwirkung bleibt in dem bisherigen Umfange bestehen. Insbesondere hat die Anstellung der Mitglieder der kirchenregimentlichen Behörden unter Gegenzeichnung des Ministers der geistlichen Angelegenheiten zu erfolgen.

Art. 24. Die Beschlüsse der kirchlichen Organe bedürfen zu ihrer Gültigkeit der Genehmigung der staatlichen Aufsichtsbehörde in folgenden Fällen:

1) bei dem Erwerb, der Veräußerung oder der dinglichen Belastung von Grundeigenthum;
2) bei der Veräußerung von Gegenständen, welche einen geschichtlichen, wissenschaftlichen oder Kunstwerth haben;
3) bei Anleihen, soweit sie nicht blos zu vorübergehender Aushülfe dienen und aus der laufenden Einnahme derselben Voranschlagsperiode zurückerstattet werden können;
4) bei der Einführung und Veränderung von Gebührentaxen;
5) bei der Errichtung neuer, für den Gottesdienst, die Geistlichen oder andere Kirchendiener bestimmter Gebäude;
6) bei der Anlegung oder veränderten Benutzung von Begräbnißplätzen;
7) bei der Ausschreibung, Veranstaltung oder Abhaltung von Sammlungen außerhalb der Kirchengebäude, unbeschadet des Artikels 10. Nr. 4;
8) bei einer Verwendung des kirchlichen Vermögens zu anderen, als den bestimmungsmäßigen Zwecken.

Bewilligungen aus der Kirchenkasse an andere Gemeinden oder zur Unterstützung evangelischer Vereine und Anstalten, sofern dieselben einzeln zwei Prozent und im Gesammtbetrage eines Etatsjahres fünf Prozent der Solleinnahme nicht übersteigen, bedürfen nicht der Genehmigung der Staatsbehörde.

Art. 25. In Betreff der Schenkungen und letztwilligen Zuwendungen bewendet es bei dem Gesetz vom 23. Februar 1870.

Art. 26. Die kirchlichen Organe bedürfen zur Führung von Prozessen keiner Ermächtigung von Seiten einer Staatsbehörde.

Art. 27. Die Staatsbehörde ist berechtigt, von der kirchlichen Vermögensverwaltung Einsicht zu nehmen, zu diesem Behuf die Etats und Rechnungen einzufordern, sowie außerordentliche Revisionen vorzunehmen und auf Abstellung der etwa gefundenen Gesetzwidrigkeiten durch Anwendung der gesetzlichen Zwangsmittel zu dringen.

Weigert sich ein Gemeindekirchenrath oder eine Gemeindevertretung, gesetzliche Leistungen, welche aus dem kirchlichen Vermögen zu bestreiten sind, oder den Pfarreingesessenen obliegen, auf den Etat zu bringen, festzusetzen oder zu genehmigen, so ist sowohl das Konsistorium als auch die Staatsbehörde unter gegenseitigem Einvernehmen befugt, die Eintragung in den Etat zu bewirken und die weiter erforderlichen Anordnungen zu treffen.

Bestreiten die Gemeindeorgane die Gesetzwidrigkeit der beanstandeten Posten oder die Verpflichtung zu der auf Anordnung des Konsistorii und der Staatsbehörde in den Etat eingetragenen Leistungen, so entscheidet auf Klage der Gemeindeorgane im Verwaltungsstreitverfahren das Oberverwaltungsgericht.

Art. 28. Durch Königliche Verordnung werden diejenigen Staatsbehörden bestimmt, welche die in den Artikeln 3. 5. und 8. des Gesetzes vom 25. Mai 1874 und in den Artikeln 3. 4. 7. 8. 11. 17., Absatz 6., Artikel 23. 24. 27. dieses Gesetzes erwähnten Rechte auszuüben haben.

Art. 29. Alle diesem Gesetz, der Kirchengemeinde- und Synodalordnung vom 10. September 1873 Abschnitt 2—5. und der anliegenden General-Synodalordnung vom 20. Januar 1876 entgegenstehenden Bestimmungen, mögen dieselben in den allgemeinen Landesgesetzen, in Provinzial- oder Lokalgesetzen und Lokalordnungen enthalten, oder durch Observanz oder Gewohnheit begründet sein, treten außer Kraft.

Urkundlich ꝛc.

VII. Zirkular-Verfügung des Evangelischen Ober-Kirchenraths vom 24. Mai 1876, betreffend das Disziplinar-Verfahren bei Dienstvergehen der Superintendenten, Geistlichen und niederen Kirchendiener.

(Generalsynodal-Ordnung §. 7. Nr. 6*).

Nach Vorschrift des §. 7. Nr. 6. der Generalsynodal-Ordnung vom 20. Januar 1876 sollen bis zur anderweiten kirchengesetzlichen Regelung der Disziplinargewalt bei Dienstvergehen der Superintendenten, Geistlichen und niederen Kirchendiener auf das förmliche Disziplinarverfahren, sowie auf die vorläufige Dienstenthebung die Bestimmungen der §§. 22, 23. Nr. 1, 24, 27, 28, 31 bis 45, und 48 bis 54 des Gesetzes vom 21. Juli 1852 (G.-S. S. 465) mit der Maßgabe zur Anwendung kommen, daß die in dem genannten Gesetze dem Disziplinarhofe und den Provinzialbehörden beigelegten Befugnisse von den Provinzial-Konsistorien nach den für das Verfahren bei den Provinzialbehörden vorgeschriebenen Bestimmungen zu üben sind, die dem Disziplinarhof beigelegte gutachtliche Thätigkeit fortfällt und die Zuständigkeiten des Ministerial- beziehungsweise Staats-Ministerialressorts dem Evangelischen Ober-Kirchenrathe zukommen.

Deshalb haben wir es für nöthig befunden, den Text der Paragraphen des Gesetzes mit den aus den ertheilten Maßgaben hervorgehenden einzelnen Veränderungen zu einem Ganzen zu verbinden und für den kirchlichen Gebrauch übersichtlich zusammen zu stellen, wie folgt:

Bestimmungen

über das förmliche Disziplinar-Verfahren und die vorläufige Dienstenthebung auf Grund der Generalsynodal-Ordnung §. 7. Nr. 6.

I. Bestimmungen über das förmliche Disziplinar-Verfahren.

(§. 22, 23, Nr. 1, 24, 27, 28, 31 bis 45 des Gesetzes vom 21. Juli 1852.)

Art. 1. (§. 22.) Der Entfernung aus dem Amte muß ein förmliches Disziplinar-Verfahren vorhergehen. Dasselbe besteht in der von einem Kommissar zu führenden schriftlichen

*) K.G. u. V.B. 1876/77 Nr. 3.

Voruntersuchung und in einer mündlichen Verhandlung nach den folgenden näheren Bestimmungen.

Art. 2. (§. 23. Nr. 1.) Die Einleitung des Disziplinar-Verfahrens wird verfügt und der Untersuchungs-Kommissar ernannt von dem Evangelischen Ober-Kirchenrath.

Ist jedoch Gefahr im Verzuge, so kann diese Verfügung und Ernennung vorläufig von dem Vorsitzenden des Provinzial-Konsistoriums ausgehen. Es ist alsdann die Genehmigung des Evangelischen Ober-Kirchenraths einzuholen, und, sofern dieselbe versagt wird, das Verfahren einzustellen.

Art. 3. (§. 24.) Die entscheidenden Disziplinarbehörden erster Instanz sind die Provinzial-Konsistorien, ein jedes derselben in Ansehung der zu seinem Aufsichtskreise gehörenden Superintendenten, Geistlichen und niederen Kirchendiener.

Art. 4. (§. 27.) Für den Fall, daß bei dem zuständigen Konsistorium die beschlußfähige Anzahl von Mitgliedern nicht vorhanden ist, tritt ein anderes durch den Evangelischen Ober-Kirchenrath substituirtes Provinzial-Konsistorium an dessen Stelle. Dasselbe findet statt, wenn auf den Antrag des Vertreters der Anklage oder des Angeschuldigten das Vorhandensein von Gründen anerkannt wird, aus welchen die Unbefangenheit des zuständigen Konsistoriums bezweifelt werden kann.

Art. 5. (§. 28.) Streitigkeiten über die Kompetenz der Konsistorien als Disziplinar-Behörden werden von dem Evangelischen Ober-Kirchenrath entschieden.

Art. 6. (§. 31.) Bei den Konsistorien werden die Disziplinarsachen in Plenar-Sitzungen erledigt, an welchen mindestens drei stimmberechtigte Mitglieder Theil nehmen müssen. In diesen Plenarsitzungen nehmen an der Erledigung der Disziplinarsachen nur die etatsmäßigen Mitglieder und diejenigen Theil, welche eine etatsmäßige Stelle versehen.

Art. 7. (§. 32.) In der Voruntersuchung wird der Angeschuldigte unter Mittheilung der Anschuldigungspunkte vorgeladen und, wenn er erscheint, gehört; es werden die Zeugen eidlich vernommen und die zur Aufklärung der Sache dienenden sonstigen Beweise herbeigeschafft.

Die Verrichtungen des Vertreters der Anklage werden durch einen Beamten ausgeübt, welchen der Evangelische Ober-Kirchenrath ernennt.

Bei der Vernehmung des Angeschuldigten und dem Verhör der Zeugen ist ein vereideter Protokollführer zuzuziehen.

Art. 8. (§. 33.) Der Evangelische Ober-Kirchenrath ist

ermächtigt, mit Rücksicht auf den Ausfall der Voruntersuchung, das fernere Verfahren einzustellen und, geeigneten Falls, nur eine Ordnungsstrafe zu verhängen.

Ist das zuständige Konsistorium der Ansicht, daß das fernere Verfahren einzustellen sei, so muß dasselbe darüber an den Evangelischen Ober-Kirchenrath zu dessen Beschlußnahme berichten.

In beiden Fällen erhält der Angeschuldigte Ausfertigung des darauf bezüglichen, mit Gründen zu unterstützenden Beschlusses.

Art. 9. (§. 34.) Wird das Verfahren nicht eingestellt, so wird nach Eingang einer von dem Vertreter der Anklage anzufertigenden Anschuldigungsschrift der Angeschuldigte unter abschriftlicher Mittheilung dieser Anschuldigungsschrift zu einer, von dem Vorsitzenden des Konsistoriums zu bestimmenden Sitzung zur mündlichen Verhandlung vorgeladen.

Art. 10. (§. 35.) Bei der mündlichen Verhandlung, welche in nicht öffentlicher Sitzung stattfindet, giebt zuerst ein von dem Vorsitzenden des Konsistoriums aus der Zahl der Mitglieder desselben ernannter Referent eine Darstellung der Sache, wie sie aus den bisherigen Verhandlungen hervorgeht.

Der Angeschuldigte wird vernommen.

Es wird darauf der Vertreter der Anklage mit seinem Vor- und Antrage und der Angeschuldigte mit seiner Vertheidigung gehört.

Dem Angeschuldigten steht das letzte Wort zu.

Art. 11. (§. 36.) Wenn das Konsistorium auf den Antrag des Angeschuldigten oder des Vertreters der Anklage, oder auch von Amtswegen die Vernehmung eines oder mehrerer Zeugen, sei es durch einen Kommissar, oder mündlich vor dem Konsistorium selbst, oder die Herbeischaffung anderer Mittel zur Aufklärung der Sache für angemessen erachtet, so erläßt es die erforderliche Verfügung und verlegt nöthigenfalls die Fortsetzung der Sache auf einen anderen Tag, welcher dem Angeschuldigten bekannt zu machen ist.

Art. 12. (§. 37.) Der Angeschuldigte, welcher erscheint, kann sich des Beistandes eines Advokaten oder Rechtsanwaltes als Vertheidigers bedienen. Der nicht erscheinende Angeschuldigte kann sich durch einen Advokaten oder Rechtsanwalt vertreten lassen. Dem Konsistorium steht es jedoch jederzeit zu, das persönliche Erscheinen des Angeschuldigten unter der Warnung zu verordnen, daß bei seinem Ausbleiben ein Vertheidiger zu seiner Vertretung nicht werde zugelassen werden.

Art. 13. (§. 38.) Bei der Entscheidung hat das Konsistorium, ohne an positive Beweisregeln gebunden zu sein, nach seiner freien, aus dem ganzen Inbegriffe der Verhandlungen und Beweise geschöpften Ueberzeugung zu beurtheilen, in wie weit die Anschuldigung für begründet zu erachten.

Die Entscheidung kann auch auf eine bloße Ordnungsstrafe lauten.

Die Entscheidung, welche mit Gründen versehen sein muß, wird in der Sitzung, in welcher die mündliche Verhandlung beendigt worden ist, oder in einer der nächsten Sitzungen verkündigt und eine Ausfertigung derselben dem Angeschuldigten auf sein Verlangen ertheilt.

Art. 14. (§. 39.) Ueber die mündliche Verhandlung wird ein Protokoll aufgenommen, welches die Namen der Anwesenden und die wesentlichen Momente der Verhandlung enthalten muß. Das Protokoll wird von dem Vorsitzenden und dem Protokollführer unterzeichnet.

Art. 15. (§. 40.) Das Rechtsmittel des Einspruchs (Restitution oder Opposition) findet nicht statt.

Art. 16. (§. 41.) Gegen die Entscheidung steht die Berufung an den Evangelischen Ober-Kirchenrath sowohl dem Vertreter der Anklage, als dem Angeschuldigten offen.

Art. 17. (§. 42.) Die Anmeldung der Berufung geschieht zu Protokoll oder schriftlich bei dem Konsistorium, welches die anzugreifende Entscheidung erlassen hat. Von Seiten des Angeschuldigten kann sie auch durch einen Bevollmächtigten geschehen.

Die Frist zu dieser Anmeldung ist eine vierwöchentliche, welche mit dem Ablauf des Tages, an welchem die Entscheidung verkündigt worden ist, und für den Angeschuldigten, welcher hierbei nicht zugegen war, mit dem Ablaufe des Tages beginnt, an welchem ihm die Entscheidung zugestellt worden ist.

Art. 18. (§. 43.) Zur schriftlichen Rechtfertigung der Berufung steht demjenigen, der dieselbe rechtzeitig angemeldet hat, eine fernere vierzehntägige Frist offen.

Diese Frist kann auf den Antrag des Appellanten angemessen verlängert werden.

Neue Thatsachen, welche die Grundlage einer anderen Beschuldigung bilden, dürfen in zweiter Instanz nicht vorgebracht werden.

Art. 19. (§. 44.) Die Anmeldung der Berufung und die etwa eingegangene Appellationsschrift wird dem Appellanten in Abschrift zugestellt, oder dem Vertreter der Anklage, falls er Appellant ist, in Urschrift vorgelegt.

Innerhalb vierzehn Tagen nach erfolgter Zustellung oder Vorlegung kann der Appellant eine Gegenschrift einreichen.

Diese Frist kann auf den Antrag des Appellanten angemessen verlängert werden.

Art. 20. (§. 45.) Nach Ablauf der im Art. 19. bestimmten Frist werden die Akten an den Evangelischen Ober-Kirchenrath eingesandt.

Der Evangelische Ober-Kirchenrath beschließt auf den Vortrag eines von dem Vorsitzenden ernannten Referenten.

Er kann die zur Aufklärung der Sache etwa erforderlichen Verfügungen erlassen. Er kann auch eine mündliche Verhandlung anordnen, zu welcher der Angeschuldigte vorzuladen und ein Vertreter der Anklage zuzuziehen ist. Der letztere wird in diesem Falle von dem Vorsitzenden des Evangelischen Ober-Kirchenraths ernannt.

II. Bestimmungen über die vorläufige Dienstenthebung.

(§§. 48. bis 54. des Gesetzes vom 21. Juli 1852.)

Art. 21. (§. 48.) Die Suspension eines Superintendenten, Geistlichen und niederen Kirchendieners vom Amte tritt kraft des Gesetzes ein:

1) wenn in einem gerichtlichen Strafverfahren seine Verhaftung beschlossen, oder gegen ihn ein noch nicht rechtskräftig gewordenes Urtheil erlassen ist, welches auf den Verlust des Amtes lautet, oder diesen kraft des Gesetzes nach sich zieht;
2) wenn im Disziplinar-Verfahren eine noch nicht rechtskräftige Entscheidung ergangen ist, welche auf Dienstentlassung lautet.

Art. 22. (§. 49.) In dem im vorhergehenden Paragraphen unter Nr. 1. vorgesehenen Falle dauert die Suspension bis zum Ablauf des zehnten Tages nach Wiederaufhebung des Verhaftungsbeschlusses oder nach eingetretener Rechtskraft desjenigen Urtheils höherer Instanz, durch welches der angeschuldigte Beamte zu einer anderen Strafe als der bezeichneten verurtheilt wird.

Lautet das rechtskräftige Urtheil auf Freiheitsstrafe, so dauert die Suspension, bis das Urtheil vollstreckt ist. Wird die Vollstreckung des Urtheils, ohne Schuld des Verurtheilten, aufgehalten oder unterbrochen, so tritt für die Zeit des Aufenthalts oder der Unterbrechung eine Gehaltsverkürzung (Art. 24.)

nicht ein. Dasselbe gilt für die im ersten Absatze dieses Paragraphen erwähnte Zeit von 10 Tagen, wenn nicht vor Ablauf derselben die Suspension vom Amte im Wege des Disziplinar-Verfahrens beschlossen wird.

In dem Art. 21. unter Nr. 2. erwähnten Falle dauert die Suspension bis zur Rechtskraft der in der Disziplinarsache ergehenden Entscheidung.

Art 23. (§. 50.) Die zur Einleitung der Disziplinar-Untersuchung ermächtigte Behörde kann die Suspension, sobald gegen den Beamten ein gerichtliches Strafverfahren eingeleitet oder die Einleitung einer Disziplinar-Untersuchung verfügt wird, oder auch demnächst im ganzen Laufe des Verfahrens bis zur rechtskräftigen Entscheidung verfügen.

Art. 24. (§. 51.) Der suspendirte Beamte behält während der Suspension die Hälfte seines Diensteinkommens.

Auf die für Dienstunkosten besonders angesetzten Beträge ist bei Berechnung der Hälfte des Diensteinkommens keine Rücksicht zu nehmen.

Der innebehaltene Theil des Diensteinkommens ist zu den Kosten, welche durch die Stellvertretung des Angeschuldigten verursacht werden, der etwaige Rest zu den Untersuchungskosten zu verwenden. Einen weiteren Beitrag zu den Stellvertretungskosten zu leisten, ist der Beamte nicht verpflichtet.

Art. 25. (§. 52.) Der zu den Kosten (Art. 24.) nicht verwendete Theil des Einkommens wird dem Beamten nicht nachgezahlt, wenn das Verfahren die Entfernung aus dem Amte zur Folge gehabt hat.

Erinnerungen über die Verwendung des Einkommens stehen dem Beamten nicht zu; wohl aber ist ihm auf Verlangen eine Nachweisung über diese Verwendung zu ertheilen.

Art. 26. (§. 53.) Wird der Beamte freigesprochen, so muß ihm der innebehaltene Theil des Diensteinkommens vollständig nachgezahlt werden.

Wird er nur mit einer Ordnungsstrafe belegt, so ist ihm der innebehaltene Theil ohne Abzug der Stellvertretungskosten nachzuzahlen, soweit derselbe nicht zur Deckung der Untersuchungskosten und der Ordnungsstrafe erforderlich ist.

Art. 27. (§. 54.) Wenn Gefahr im Verzuge ist, kann einem Beamten auch von solchen Vorgesetzten, die seine Suspension zu verfügen nicht ermächtigt sind, die Ausübung der Amtsverrichtungen vorläufig untersagt werden; es ist aber darüber sofort an die höhere Behörde zu berichten.

VIII. Verordnung über die Ausübung der Rechte des Staats gegenüber der evangelischen Landeskirche der acht älteren Provinzen der Monarchie vom 9. September 1876.

Wir Wilhelm, von Gottes Gnaden König von Preußen &c. verordnen in Gemäßheit des Artikels 28. des Gesetzes vom 3. Juni 1876 (Gesetz-Samml. S. 125), auf den Antrag Unseres Staatsministeriums, für die Provinzen Preußen, Brandenburg, Pommern, Posen, Schlesien, Sachsen, Westfalen und die Rheinprovinz über die Ausübung der Rechte des Staats gegenüber der evangelischen Landeskirche dieser Provinzen, was folgt:

Art. I. Die Rechte des Staats werden von dem Minister der geistlichen Angelegenheiten ausgeübt:

1) bei Feststellung des Regulativs für die vereinigten Kreissynoden der Haupt- und Residenzstadt Berlin (Gesetz vom 3. Juni 1876 Art. 8.);
2) bei dem Erwerb, der Veräußerung oder der dinglichen Belastung von Grundeigenthum, wenn der Werth des zu erwerbenden oder des zu veräußernden Gegenstandes, oder wenn der Betrag der Belastung die Summe von zehntausend Mark übersteigt (Art 24. Nr. 1.);
3) bei der Veräußerung von Gegenständen, welche einen geschichtlichen, wissenschaftlichen oder Kunstwerth haben (Art. 24. Nr. 2.);
4) bei der Errichtung neuer, für den Gottesdienst bestimmter Gebäude (Art. 24. Nr. 5.);
5) bei der Anlegung von Begräbnißplätzen (Art. 24. Nr. 6.);
6) bei der Bewilligung von Sammlungen außerhalb der Kirchengebäude, wenn die Sammlung in mehr als einer Provinz stattfinden soll (Art. 24. Nr. 7.), und zwar in diesem Falle in Gemeinschaft mit dem Minister des Innern;
7) in allen Fällen der Art. 24. und 27. Abs. 1. a. a. O., wenn die Rechte des Staats gegenüber dem Evangelischen Ober-Kirchenrath geltend zu machen sind.

Art. II. Die Rechte des Staats werden durch den Oberpräsidenten ausgeübt:

1) bei den von der Provinzialsynode beschlossenen neuen kirchlichen Ausgaben (Gesetz vom 3. Juni 1876 Art. 11. Abs. 2.);

2) bei der Bewilligung von Sammlungen außerhalb der Kirchengebäude, wenn die Sammlung in mehr als einem Regierungsbezirk stattfinden soll (Art. 24. Nr. 7.).

Gegen die Verfügung des Oberpräsidenten findet in den Fällen zu 1. die Beschwerde an den Minister der geistlichen Angelegenheiten, in den Fällen zu 2. an die Minister des Innern und der geistlichen Angelegenheiten statt.

Art. III. Die Rechte des Staats werden durch den Regierungspräsidenten, in der Haupt- und Residenzstadt Berlin durch den Polizeipräsidenten ausgeübt:

1) in Betreff der Vollstreckbarkeit der Beschlüsse über Gemeindeumlagen (Art. 3. des Gesetzes vom 25. Mai 1874);
2) bei Feststellung der Gemeindestatuten (Art. 5. des Gesetzes vom 25. Mai 1874);
3) in Betreff der Ausübung der Patronatsrechte (§. 23. der Kirchengemeinde- und Synodalordnung vom 10. September 1873 und Art. 8. des Gesetzes vom 25. Mai 1874);
4) in den Fällen der Art. 3, 4, 7, 17. Abs. 6. der Art. 24. und 27. des Gesetzes vom 3. Juni 1876, soweit nicht in den Art. 1. und 2. dieser Verordnung die Ausübung der Rechte dem Minister der geistlichen Angelegenheiten oder dem Oberpräsidenten übertragen ist.

Gegen die Verfügung des Regierungspräsidenten geht, sofern nicht die Klage bei dem Oberverwaltungsgerichte nach Art. 27. Abs. 3. des Gesetzes vom 3. Juni 1876 stattfindet, die Beschwerde an den Oberpräsidenten. Derselbe beschließt auf die Beschwerde endgültig.

Art. IV. Ob und welche Aenderung in der Zuständigkeit der Staatsbehörden für die im Art. 23. des Gesetzes vom 3. Juni 1876 bezeichneten Rechte einzutreten hat, bleibt der in Gemäßheit des Art. 21. a. a. O. später zu erlassenden Verordnung vorbehalten.

Register

nach den Zahlen der Paragraphen.

Abendmahl 51. 96...102. 145.
Abrechnungsordnung zu 53.
Acten s. Archiv.
Adjuncten 35.
Aelteste 5. 6. 7. 10. 14. 15. 35. 45.
Agende 62. 81.
Anstaltsgeistliche 35. Zus. 2. s. Hülfsgeistliche.
Appelliren 110.
Archiv der Kreissynode 43.
„ der Pfarrgemeinde 43. 52. 54. 68. 145.
„ der Provinzialsynode 52.
Armenkassen, Armenfonds 14 g. 17 Zus. 10. 128 Not. 48. 147.
Armenpfleger s. Diaconen.
Assessor der Kreissynode 36. 38. 42. 62.
„ der Prov.-Synode 45. 46. 48 ff.
Aufgebot 114, 2.
Aufsichtsbehörde 148.
Bauunternehmungen 16, 3.
Beerdigung 115. 145.
Bekenntnißstand II.
Berufungsurkunde 59, 15. 60.
Beschwerden d. Provinzialsyn. 49.
Bibliotheken s. Archiv.
Bürgermeister, Beigeordnete 20.
Candidaten 37. 38. 55. 59. 62. 64a. 136.
Candidatenprüfung 49. 50.
Collekten 17. 137.
Commissar, königl. 148. Zus.
Communicantenregister 145.
Confirmation 2. 14. 99. 107...111. 145.
Consistorialpräsident 72.
Consistorialräthe 35. 49. 52 b.
Consistorium 10. 11. 23. 36. 52 b. 59. 106. 125. 126. 129. 142. 148.
Cooptation 8 Zus. 4. 29.
Copulation 56 d. 114. 145.
Diaconen 5. 7. 10. 14. 17. 35. 45.
Diäten 134.
Diensteinkommen 74. 131.
Dienst-(Pfarr-)wohnung 131.
Dimissorial 98. 106. 114.
Directorium s. Moderamen.
Disciplin s. Kirchen-Disciplin.
Disciplinar-Verfahren. Anhg. VII.
Disciplinaruntersuchung 38. 142.
Dispensation 109. 111.

Ehe 56. 70. 114.
Einpfarrung 2. 3.
Einweihung der Kirchen 50.
Elementarschullehrer 14c.
Emeritenfonds Anhang II. III.
Emeritirte Pfarrer 65, 2. 74.
Erbpacht, Erbzins 18.
Ergänzungsgehalt 131.
Exemtion zu 2.
Facultät, theolog. 45. 134.
Feiertage 81. 82. 85. 116.
Gastpredigt 55a. 59, 3.
Gehalt 18. 130 ff.
Gemeindestatut 33b.
Gemeindevertreter 18...33b. 59. 64a. 127. Anhang I.
Generalsuperint. 43. 64. 72. 112. 146. 148.
Glocken, Geläute 138. 139.
Gnadenjahr 65. s. Nachjahr.
Gottesdienst 14. 15. 75...85.
Hausbesuche 15, 3.
Haustaufe 94.
Hülfsdiaconen. Zus. zu 17.
Hülfsgeistliche 6. 35, 2. 64a.
Introduction 61 ff.
Inventarienstücke 16. 145.
Jura stolae 55. 60. 131.
Katechisation 55.
Kirchenacten 54. 68. 145, 3.
„ bauten 16, 3.
„ behörde, obere 43a.
„ bücher 54. 56. 57. 68. 70. 145 Nr. 3.
„ diener 14. 18. 138...143.
„ disciplin 14. 37. 118 ff. 142. 145. 148.
„ gebäude 75. 76.
„ geräthe 16, 3.
„ rath 145.
Kirchenrechnungen 145.
„ regiment 47. 148 Zus.
„ register 145.
„ vermögen 14. 147.
„ visitation 144 ff.
„ vorstand 110. 130.
„ zeugniß 2. 14c. 70.
„ zucht 120.
Kirchmeister 5. 7. 10. 14. 16. 35. 45.
Kosten der Pfarrbesetzung 53. 59. 61. 133.
„ „ Synoden 134.
„ „ Visitationen 133.
Kranke 14k. 102.
Kreisgemeinde 34 ff.
„ synode 14. 35 ff. 50. 52b. 144.
„ synodalkasse 128 Note.
Küster 138. 139.
Lagerbuch zu 16. 145.
Landesherr 77. 148.
Landesherrl. Behörde, Sanction C., 38, 8. 52. 77. 112.
Liedersammlung 77.
Matrikel 135.
Militärpersonen zu 2.
„ prediger 35. Zus. 2.
Minister d. geistl. Angel. 36. 46. 60. 148.
Mission, innere 145. Zus. 46.
Mitglieder der Gemeinde 3.
Moderamen, Moderatoren d. Kreissynode 36. 37. 113. zu 120. 122. 124. 126. 129. 133. 142.
„ der Provinzialsynode 46. 129. 133.
Nachfolgerecht 64a.
Nachjahr 55. 56. 58. 65.

Nothtaufe 87.
Oberkirchenrath 36. 46. 112. 129. 148.
Obrigkeit 70.
Ordination 61. 62. 64. 112. 113.
Ordnungsstrafen 127. 128. 129.
Organist 138.
Parochie 1 ff.
Patron 4. 140.
Patronat 59 Zus. v. 28. Juli 1876.
Pfarramt 53 ff.
Pfarrer 66 ff.
Pfarreinkünfte 55. 59. 71. 74. 131. 132.
" gehülfen 64a.
" schullehrer 14c. 37. 38.
" verband 2.
" vermögen 14g.
" verweser 35. 64a.
" wahl 4. 59.
" wohnung 131.
Präses des Presbyteriums 6. 31. 57.
" der Prov.-Synode 45. .52. 129. 134.
Präsidium s. Moderamen.
Predigt 78. 79.
Presbyterium 5 ff. 18. 35. 45. 100. 111. 116. 117. 145...47.
Probepredigt 59, 1.
Proclamation der Wahlen 11. 24. 59, 13.
" der Ehe 114.
Protokolle der Presbyterien 13. 145. 146.
" " Kreis- u. Provinzial-Synoden 36. 42. 43.
" " Pfarrwahlen 59, 13.
Protokolle der Repräsentanten 33.
Provinzialgemeinde, Synode: 37. 44 ff. 69. 106. 133. 134. 135. 137. 143.
Prüfungen 49. 50.
Publikationen 80.
Recurs 11. 129.
Regierung 18. 50. 143.
Reisekosten 133. 134.
Religionsunterricht 103...109.
Remuneration 130.
Rendant 16, 2. 17. Zus. 10.
Repräsentantenwahlen 20 ff. Anhang I.
Repräsentation 18...33b. 59. 64a. 127.
Ressortverhältnisse 148.
Richterliche Personen 38, 2.
Ruhegehalt 65. 126.
Sacramente 86 ff. 145.
Schulaufsicht 14, l. 66. 117.
" inspektor 38, 8.
" lehrer 14c. 37. 38.
" pflichtigkeit 103.
" vermögen 14 g.
" vorstand 14, l.
" wesen 49. 103. 104. 145.
" zwecke 147.
Scriba 36. 38. 46. 49. 59. 62.
Sonntagsfeier 81...85. 116.
Staat 17. 70. 148.
Staatsbeamte 9. Note 5.
Staatsbehörde 18. 38. 46. 49. 50. 52. 112. 129. 143.
Stadtrath 20.
Stellvertreter 36. 46.
Steuern 18d. 131.
Stiftungen 145.
Stolgebühren 55. 60. 131.
Straferkenntniß 129. 142.

Superintendent 17 Zus. 10. 20. 23. 36. 38. 43. 59. 62 ff. 110. 112. 113. 121...129. 140. 142. 145. 146.
Suspension 122. 126.
Synodalkassen 37. 134. 136.
" statut 43a.
" versammlung 15. 39 ff. 47 ff.
Tagegelder 134.
Taufe 56. 89...95. 145.
Todtengräber 138.
Trauung 114.
Umlage 18. 131.
Umzugskosten 53. 61.
Urlaub des Pfarrers 72. 73.
Vacanz 14. 38, 4. 53...58.
Verwaltungsordnung 147.
Verweis 122...125.
Vicare 35.
Visitation 144 ff.
Vocation 59, Nr. 15. 60.
Vorsänger 138.
Wahlangelegenheiten 37 f. 38, 5.
Wahl des Pfarrers 4. 14. 18. 37. 38. 59.
" " Pfarrgehülfen 64a.
" " Presbyteriums 8 ff.
" der Repräsentanten 20 ff. 28. Anhang I.
" " Synodaldeputirten 14. 45.
" des Synodaldirectoriums 36. 37.
" " Synodalpräsidiums 46. 48.
" von Verwandten in das Moderam. d. Kreis-Syn. 36. Note 24.
Wahlrecht 2. 3. 18. 21. 38.
Wirthschaftsgebäude 131.
Wittwe u. Waisen 56. 65.
Wittwenjahr 55. 56. 58. 65.
Wittwenkassen 37. 49. 145.
Zeit d. Pfarrhandlungen 70.
Zeugen 94. 114.

Universitäts-Buchdruckerei von Carl Georgi in Bonn.

www.ingramcontent.com/pod-product-compliance
Lightning Source LLC
LaVergne TN
LVHW092105300926
849161LV00002B/46